# 終焉化する宗教

今枝法之 著

晃洋書房

# 目次

第一章　葬送の変容……1
はじめに　1
一　多様化する葬儀　3
二　葬式仏教の変容　9
三　「寺院消滅」へ、そして「宗教消滅」へ　19
第二章　神道の行方……27
はじめに　27
一　神道の始まり　29
二　神仏習合　33
三　儒家神道と復古神道とその後　37
四　結　語　42

第三章　イスラム教と現在……52
はじめに　52
一　六信五行について　54
二　スンニ派とシーア派について　59
三　ハラール産業——食品を中心にして——　63
四　イスラム銀行またはイスラム金融　66
五　結　語　71

第四章　儒教を考える……81
はじめに　81
一　道教とは何か　83
二　儒教とは何か　88
三　『論語』と儒教とは異なる　101
四　結　語　108

第五章　融解する宗教……116
はじめに　116

一　世界の各宗教　117
二　世界各国における宗教衰退　144
三　日本の新宗教について　147
四　スピリチュアリティの現況　148
五　結　　語　153
あとがき　163

# 第一章　葬送の変容

## はじめに

近年、葬儀の変容について議論がなされている。たとえば、散骨（自然葬）、樹木葬、手元供養、永代供養墓、納骨堂、本山納骨など、新しい葬送の形態が現れている。また、一般葬以外に、直葬、家族葬、一日葬（ワンディ・セレモニー）といった儀礼を短縮化した葬儀も増えている。こうした葬送の変容は総じて一九九〇年代頃を中心に始まるものが多いと考えられる。

散骨は一九九一年に「葬送の自由をすすめる会」によって、三浦半島沖の相模灘で初めて行われた。[1]樹木葬は一九九九年、岩手県一関市の臨済宗祥雲の住職だった千坂げん峰氏が初めて行ったものである。[2]手元供養は二〇〇〇年頃からメディアを通じて話題になり、二〇〇六年には「社会的認知と普及の為の啓蒙活動を健全に行う組織として設立された」ＮＰＯ手元供養協会が提唱している。[3]永代供養墓は一九八五年にできた比叡山延暦寺の「久遠墓地」が最初である。[4] 納骨堂は昭和初期、一時的に遺骨を収蔵する施設であったが、その後、恒久的に遺骨を祭祀する施設としての役割も担うことになった。最近では納骨堂を永代供養墓として利用したいという要望があり、永代供養墓としての役目を果たすようになっている。[5] 本山納骨は各宗派の本山に遺骨を納め、本山寺院の定められた場所に合祀される葬法であるが、それは近年考えられた新しい葬法ではなく、古代からある歴史の深い葬法である。[6]

葬儀の簡略化としての直葬は通夜や告別式を行わない火葬のみの形態である（それゆえ、火葬式とも呼ばれる）。家族葬は家族や親戚だけが集まって行う葬儀で、通例は通夜と告別式は営む。一日葬は通夜を行わず、家族・親族・友人などが集まって告別式と火葬を一日で執り行う葬儀である。直葬は一九九八年ごろから増えてきたようである。[7] 家族葬は平成初期、すなわち一九八九年以降に広まってきたようである。[8] 一日葬は「近年葬祭業者によって提案された新しい葬儀スタイル」ということで、最近作られたようである。[9] もっとも、「『家族葬』『直葬』『ワンデイ・セレモニー』など、一〇年前には認識すらありませんでした」と葬儀業界の関係者が述べているように、実際にはこれらはだいたい二〇〇五年以降から広がったとも考えられる。[10]

こうした葬送が変容・短縮化する傾向は、将来的に葬儀が無くなる可能性を秘めているとも考えられるのだが、とりあえずもう少し詳しく見てゆきたいと思う。

## 一　多様化する葬儀

### （1）散骨

まずはじめに散骨から見てゆきたい。散骨は墓そのものを廃止し、遺骨を細かく砕いて海や山野にまく、というものである[11]。厚生省（現厚生労働省）は一九九一年に「墓埋法は、遺灰を海や山に撒くといった葬法は想定しておらず、対象外である」と述べており、散骨とは墓埋法には抵触しない葬法であるとしている。また、「故人の遺志によって行われる散骨に関しては、遺灰は産業廃棄物としての意味合いはなく、法に抵触はしない」とされている[12]。

このように、散骨が合法的であると証明されたことにより、現在ではごく一般的な葬儀の一形態と見なされるようになった。追悼の意志を持って行うこと、他人の土地に無許可で遺灰を撒かないこと、散骨場所の周辺に暮らす住民感情に配慮することなどの、節度を持った行動をすることにより、散骨は葬儀として認められるようになったのである[13]。

散骨の中で一番知られているのが海洋葬である。海洋葬は粉砕した遺骨を海にまくという葬儀である。海洋葬が多く選ばれる理由としては、海＝母＝自然に帰ることが強くイメージできることと、海ならば場所を選ばないことが挙げられる。空中葬はヘリコプターや小型飛行機やバルーンなどの乗り物に乗って、高度の空から遺灰を巻くというものである。主に許可をもらった山や海の上空に散骨する。森林散骨は山や森など緑豊かな場所で骨を撒くもの。他の散骨と同様に自然に帰りたいという思いの下に行う人が多い[14]。有名になったのは隠岐諸島の一つであるカズラ島である。カズラ島は美しい自然のまま保たれている。

## (2) 樹木葬

すでに見たように、樹木葬は岩手県一関市の祥雲寺の住職であった千坂げん峰氏が始めたものである。樹木葬とは「墓石の代わりとして、樹木を墓標とする葬送」ということである。墓標が樹木であるとはいえ、従来の「お墓」と同じ扱いになっており、墓埋法が適用されるため、墓地として認可を受けた土地でないと行えないものである。樹木葬も散骨と同じく、自然保護を掲げる市民運動から始まった点では同じであるが、形式的には散骨は遺骨を撒くのに対して、樹木葬では遺骨を土の中に埋めることにある。木をお墓にするため、お墓を立てるために土地をならしたり木々を伐採したりなど、自然を破壊しなくてすむ。また、樹木葬は、「宗教・宗派は問わず」「継承者が不要」であり、故人に遺族がいなくても決まった日に法要をしてもらえる[15]。

したがって、ある識者は樹木葬を、環境問題を視野に入れた自然保護の葬送である、と同時に継承性からの離脱、つまり、「脱継承」の意味合いを兼ね備えていると論じている。そして、樹木葬はさらに家族も近親者も他人も含んだ新しい形の共同体としての「結縁」を目指している。近所に眠る人同士でご縁ができ、交流をするといった「結縁」もある。血縁を生かしながらも、それだけには頼らないネットワークが大切ではないか、といわれている[16]。

樹木葬にも種類があり、その一つとして、故人のふるさととの地や縁のある土地で行われる里山葬がある。故人のふるさとを思う気持ちを叶えるべく、考えられた葬送形態であるという。また、桜の木の下に埋骨を行う葬送である、桜葬もある。桜葬はＮＰＯ法人の「エンディングセンター」という市民団体によって生まれた葬送である。桜葬は「エンディングセンター」が主催する「桜葬ネットワーク」に参加している全国のお寺などで実施しているという。庭園葬も樹木葬の一種であるが、庭園のような、穏やかで暖かい場所で行われる。庭園葬は二つの葬法に分けられる。一つは身内専用の区画として庭園をつくる、「家族用庭園葬墓苑」というもの。遺骨も墓苑の敷地内ならどこでも埋骨することができる。もう一つは他の人と共同で使用する「庭園墓地」タイプである。こちらは一つの庭園すべてが墓地であり、比較的広い土地で行われるものである[17]。

### (3) 手元供養

手元供養とは、遺骨をオブジェに納骨する、または身に付けることができるアクセサリーなどに加工する供養方法である。あるいは、故人の「お骨」を供養の対象として、いつでも手元で大切な故人を供養するという考え方である。すなわち、身近に遺骨を置いておく供養をさす。

手元供養はお墓や仏壇などにみられる特定の宗教色も希薄である。言い換えれば、手元供養は仏壇や位牌に対する宗教儀式やしきたりなど伝統的で形式的な文化とは一線を画しているのが特徴で、それぞれの思いの表現として「自分らしい」「故人らしい」供養の心に応える対象になっている。

手元供養品はいつまでも故人を身近に感じていたいと、オブジェとして家においたり、ペンダントなどで身につけたりすることで、故人を偲ぶための品である。遺骨を手元に置くことができ、日々故人を偲ぶことができる手元供養は、今後さらに求められる葬送になると考えられる。(18)

手元供養品は、納骨型とお骨加工型の二種類に分けることができる。納骨型としてはオブジェタイプ（部屋置きタイプ）、ペンダントタイプ、ミニ骨壺がある。お骨加工型としては、遺骨で作るセラミックのプレートやペンダント（遺灰に金属化合物の粉末を混ぜ、高温高圧で成形したファインセラミックを四角のプレート状にするもの、あるいはペンダントにするもの）、遺骨人工石によるペンダント（遺灰に水晶の粉を混ぜ合わせて溶かし、結晶化された人造石をペンダントに加工したもの）、メモリアルダイヤモンド（遺灰から炭素を抽出し、結晶化させて人造ダイヤモンドにするもの）などがある。(19)

### （4）永代供養墓・合葬墓

子孫や身内に頼ることのない新しいお墓の新しいスタイルとして生まれたのが永代供養墓や合葬墓である。どちらも寺や業者が半永久的に墓地の管理を行ってくれるため、身内に手間や苦労をかけることがなく、子孫がいなくても無縁墓にならない、というメリットがある。永代供養墓であれば、継承者が不在であっても管理は行われるので、お墓が無縁化してしまう心配がなく、無縁墓の増加に加担することがなくなる。

このように、お墓参りができない人に代わって、あるいはお墓参りしてくれる人がいなくても、代わりにお寺が責任をもって永代にわたって供養と管理をしてもらえるお墓である。ただ、永代と聞くと、同じお墓でずっと供養や管理をしてもらえるものと誤解しがちであるが、多くの場合は、三十三回忌までは永代供養墓での供養が行われ、その後に場所などは移される。[20]

永代供養墓のお墓にはさまざまなタイプがある。一般的なお墓のように個別につくられたお墓から、地下にお骨安置用の納骨室（納骨棚）をつくり、その上に仏像や碑などを建立したタイプ、納骨室（納骨棚）の下に合祀スペースを設けたお墓、合葬墓が行える納骨室があるものなど、多様である。[21]

合葬墓は、血縁のない人、知らない人同士の遺骨をまとめて埋葬するもの、あるいは、合同で埋葬される墓に限定されるもののことを言う。合葬墓は永代供養墓と混同されやすいのだが、公営の施設であるケースが多く、永代供養を前提としていないという点が異なるため、永代供養墓と区別して考える必要がある。合葬墓は何らかの理由によりお墓の継承が困難になった場合に、無縁墓にならないようにするために生み出されたものである。[22]

## （5）納骨堂

はじめにも記したように、納骨堂とはもともと墓地に埋葬するまで一時的に遺骨を収蔵する施設であったが、永代供養墓の場所として利用したいという要望が増え、永代供養墓としての役割を担うようになったのである。永代供養を約束する納骨堂の場合、一定の年数（三十三年間もしくは五〇年間）までは納骨堂で遺骨を預かり、それが過ぎたら合祀墓に移して永代供養するのである。

納骨堂を運営主体別に見ると公営、民営、寺院の三種類がある。民営は宗教法人、財団法人、社団法人といった公益性のある法人が運営し、広告や宣伝は民間会社が代行する場合もある。公営は希望者多数の場合は抽選がある。また、応募条件もある（たとえば、都営霊園では居住年数や遺骨が手元にあることなど）。寺院はほとんどの場合、檀家になる必要はなく、檀家ではないため納骨後にお布施や寄付金などは求められない。また、基本的に納骨前の宗旨や宗派は問われない。

納骨堂を形態別に分けると、ロッカー式、仏壇式、墓石式、機械式などがある。ロッカー式は骨壷をコインロッカーのような棚に収蔵するものである。お墓に向かってお参りする場合とお参り用のご本尊が設けてある場合がある。仏壇式は仏壇が並んだような形態の納骨堂である。上段に位牌を安置し、下段に遺骨を納めるタイプが一般的である。遺影やお花を飾ったり、写真や記念品などの副葬品を納められるところもある。墓石式は霊園と同じように墓石を並べるタイプである。屋根がついたお墓である。屋内にあるため風雨にさらされる心配がなく、お花やお線香を供えられるところも多い。機械式は、お参りをする際にご遺骨を収めたものを礼拝室に呼び出して、お参りをする納骨堂である。専用のカードなどで管理しているため、中には二四時間お参りすることができるところもある。(23)

## (6) 本山納骨

本山納骨とは、各宗派の本山にお骨を納める葬法をいう。本山納骨は、近年考えられた目新しい葬法ではない。つまり、古くから行われている納骨方法であるが、とくに東日本では知られていない。もともと、西日本では各宗派の本山に遺骨を分骨して納める習慣があったのである（もっとも最近はすべてを納骨する人もいるようである）。浄土宗・浄土真宗・真言宗・曹洞宗・臨済宗・日蓮宗など、多くの宗派が本山納骨を受け入れている。

本山納骨の共通点としては、その宗派の檀家や信徒になっていなくても受け入れてもらえるということがある。申し込みがあった場合には、その意志を尊重し、宗派は問わないのである。また、合祀（共同墓）のため、納骨後の返還は不可であることも本山納骨の共通点である。合祀の形式は一度納骨してしまうとお骨は返還してもらえないのである(24)。

## 二　葬式仏教の変容

以上のような葬式の変容は、だいたい一九九〇年代以降に起こってきたのであり、二〇〇五年以降は明白な短縮化も進んできた。今後もこうした葬式の変容は続いていくと考えられる。なぜなら、死者や遺族の意識の変容が見て取れるからである。散骨、樹木葬、永代供養墓、納骨堂などは明らかに自分が永遠に祀られることを望んでいない。たとえば、（全骨の）散骨によって、自分がお墓に入ることを否認している。あるいは、永代供養墓が子孫によって祀られることなく、基本的に三十三回忌で終わるのは、まさに脱継承を考えているということである。また、直葬、家族葬、一日葬はとくに死者儀礼を短縮し、遺族の経済的・精神的な負担を軽減している。さらに、遺族・親族・友人などの親しい関係者がゆっくりとお別れをすることができるのである。

こうした日本の葬式の大多数が仏教式であることを考えると、「葬式仏教」という形態も少しずつ壊れつつあるように思われる。そこで、次に仏教の変容について考えてみたい。二〇〇五年頃から仏教の僧侶や関係者により、仏教を大きく変容させる改革が提案されている。幾つかの例を紹介したい。

(1)『寺よ、変われ』 神宮寺 高橋卓志

かつて地域社会が作り上げていた別れのシステムやそれに同調した仏教の伝統的な葬儀を止めて、直葬、お別れ会、散骨、樹木葬などが支持されるようになってきた。直葬とは死亡した病院や自宅から火葬場へ直行し、お通夜、葬儀という宗教的儀式をその中心に含めない葬儀のことをいう。直葬の根底には現行の葬儀のあり方への批判や、坊さんたちへの拭いがたい不信感がある。現代社会の葬儀の変化に、坊さん側の動きは緩慢である。

神宮寺は一九九〇年で強制寄付を廃止する宣言を行った。これからの時代、寄付という行為は、寄付先の公益性が重視され、地域が持つ多様な課題を迅速・明確に解決する能力をもった非営利組織によってなされる。寄付を受けようとする寺は、自己管理、自己評価、情報公開をしつつ、地域社会のための新機軸を提案し、地域課題解決に向けての強い意志をもつことが必要だ。

伝統仏教の葬儀は人々の胸を打たない。その理由は、葬儀の内容が説明されず、会葬者にはほとん

どわからないままで進行することにある。また、葬儀を勤める坊さんたちの視線が、生きている人々に向いていない。その他、葬儀に対する「異議」が湧き上がっている。たとえば、「葬儀があまりにも形骸化している」、「葬儀を執行する坊さんたちに変革への意志が見えない」、「宗教による葬儀という価値観が大幅に崩れている」、「『棄信感』が増幅し、無宗教・宗教的無関心が増大している」、「いままで寺側が前面に出していた宗派のブランド力が効果を生まなくなっている」といったことである。

葬儀についていえば、規模の縮小が目立ち、家族葬の傾向が強くなり、儀式のあり方に多様性が見られるようになってきた。これは「個」としての墓という意識が強い。檀家としてではなく、個人として寺との関係に入り込んできたのである。墓あるいは永代供養という部分だけの関わりが始まったという意味なのである。そのニーズの核には「自分らしさ」の表出がある。

今日の日本には「苦」に対応する伝統仏教の姿はなく、「苦」に伝統仏教が関わらなければ、伝統仏教の存在価値は無いに等しい。人々が「四苦」を抱えながらも、生老病死という道を歩く時、そこに点在する寺や坊さんが「苦」をもつ人々に寄り添い、「苦」を緩和し、ともに「苦」を乗り越えていこうという、意志と覚悟を持ったならば、人々は寺や坊さんへの信頼感を深めていく。寺は変わる。寺は変わらなければならない、と高橋氏はいう(25)。

## (2)『葬式をしない寺』　應典院　秋田光彦

應典院には、檀家さんがいない。檀家がいないから、葬式をせず、墓もなく、法事もない。お寺の活動は、寺の中に設けたＮＰＯの会費によって賄われている。葬式仏教が仏教の永遠のスタンダードであるとはいえない。葬式仏教が、連綿と続いてきた伝統であるかのように、みんなが思い込んでしまって、それ以外のものを顧みようとしない。一度、葬式仏教の看板を取り外して、寺の持つ可能性を徹底的に試してみたら、という企図が、應典院の「葬式はしない」宣言となった。

もともと日本のお寺は、地域社会にはなくてはならない公益の場所だった。お寺が果たした公益には三つの役割があった。一つは「学び」である。教育に関しては、空海が作った「綜芸種智院」があり、また、江戸時代の寺子屋教育がよく知られている。二つ目は「癒し」である。大阪の四天王寺に見られるように、仏教は黎明の時から全体の四分の三は社会事業を担っていた。また、古代から中世にかけて多くの私度僧が活躍したが、彼らは定住せずに漂白の旅を続けながら慈悲行に努め、さまざまな社会開発に当たった。三つ目は「楽しみ」であるが、日本の芸能は、能や狂言のように神や仏への奉納芸として発展してきた。勧進興行といって、お寺を新築したり、ご本尊を造立するための浄財の代償として見せた芸能が日本の演劇のルーツであった。明治以降、公益の機能の多くは行政あるいは商業的なサービスに分化していき、最後に残ったのが葬式仏教である。

應典院は演劇、アート、フリーターなどの寺院として有名になったが、仏教が社会に開くことで、新たな対話や交流が生まれ、そこから僧侶が気づかなかった新たな可能性が現れるのかもしれない。

現在、檀那寺の基盤が揺らぎ、供養の担い手の姿が消え始めている。先祖を守る跡継ぎがいなければ、家墓は無縁となり、檀家と寺の関係も維持する理由がなくなる。それは葬式仏教を中核とする、日本の寺院全体を覆う問題である。これまで葬式仏教のリストラが進行している。「散骨・自然葬」「式場葬」「永代供養墓」「家族葬」「手元供養」「直葬」「イオンのお葬式」など、一九九〇年代以降の新手の葬送スタイルが登場している。とくに個人に照準を合わせた「家族葬」と「直葬」が急激に増加している。

仏教が説いてきたのは、葬式のノウハウではなく、死を見据え、現在をどう生きるのかという生死決定の哲学であり、生老病死を通していのちの尊厳を学ぶことだったはずである。葬儀社は死の一点を扱うだけだが、仏教は生涯全体にわたって関与するものでなくてはならない。

いま日本仏教はかつてない危機に直面している。人口減、家族の縮小、多様化などの社会状況の激変、檀家の減少、無縁墓の増大、葬送の合理化など、このままでは寺は生き残れない厳しい状況といえる。しかし、悲観してはならない。現代が抱える「苦」と向き合う、たくましい個人の主体性を育て、それを縁のネットワークに編み上げること。そして、他者とともに生き、思いやる「共生の社会」を実現することがこの時代に要請される、お寺の最大の使命だ、と秋田氏は述べている(26)。

(3)『葬式にお坊さんは要らない』　編集プロダクション社長　田代尚嗣

直葬の理由は高齢化である。死は遠ざかり、特別な存在になってしまった。また、乳幼児の死亡率の減少であり、亡くした我が子を「送る」という儀礼を減少させた。現在の日本人は宗教（仏教）自体を信じられなくなっている。

現在の僧侶は、あまりにも世間から遊離していること、宗教者としての基本的な意識に欠けていること、このことの当然の帰結として危機意識が決定的に欠如しているということである。

葬儀社は葬儀の段取りから料金まですべてをとり仕切らざるを得ず、僧侶はそれに従わざるを得ないようになっている。寺院にとって本来の仏教教団としての活動「生病老死」という苦に寄り添い、いかに人々を救うかという仕事から目をそむけ、葬儀・法要担当者としての活動しかしてこなかった限界がそこにある。

寺院離れは、檀家依存の寺院の収入基盤が崩壊していくことを意味している。寺院側で今日の社会構造や意識の変化についていけず、自らの立ち位置が分からなくなっている。葬儀で読経する以外なんの役にも立っていない、または、今日では読経ですら必要ないという人々が増えている。

墓にも地殻変動が起こっており、それは「永代供養墓」の登場である。これにより寺院にとっての檀家離れ、檀家減少は必至のこととなり、寺院の継続が不可能となり廃寺や無住化が顕在化してきた。

もともと仏教と葬式との関連性はまったくなかった。仏教はあの世とは関係ないものだった。仏教に神秘的な力を強調する密教と儒教の祖先崇拝思想とが結合し、それが葬儀と結びついていった。禅宗において在家のための葬儀の方法が確立され、それが日本の社会全体に広がって、日本的な仏教式の葬式の基本的な形態になった。葬儀では得度の儀式が行われ、剃髪され、戒名される。今日では剃髪の代わりに剃刀をお棺の中に入れているが、死者を死後は悟りの世界に送ってあげることを意味している。

その戒名は仏教の教えに基づいておらず、死後戒名があるのは日本だけである。戒を授ける人は戒律を守っていなければいけないのだが、今日の僧侶は妻帯し、酒を飲み、肉や魚の料理を平気で食べる。つまり、破戒していて戒を授けるというおかしな話である。死後戒名という存在や、戒名にランクがあるという平等を説く仏教の教えとは相容れないものの存在はおかしい。

今日、仏教寺院にできることは、生病老死に寄り添うということだ。その地域地域に密着したさまざまなケアをやっていくことだ。そして、永代供養墓直葬が今後その必要性を増してゆくだろう。葬式や法要をするしないをすでに通り越し、「直接納骨」の段階まで行きつくのが目前に迫っている。寺院・僧侶の役割は「仏教」を地道に伝えてゆくことだ、と田代氏は論じている。(27)

（4）『お寺の収支報告書』見性院　橋本英樹

お寺の経済を支えるのは、葬祭で得られるお布施である。寺がやることは、お経を上げることと、戒名をつけることである。旧来の檀家が減り、これまでの仏教の信仰システムが崩れることによって、そして、葬祭専門業者が主導する葬祭が一般化することによって、お寺の存在意義は薄れてゆく。

明治になって、僧侶の妻帯が認められるようになった。住職の世襲はそれほど古いものではない。いまでは全体の七〜八割が実子による世襲だといわれている。

日本のお寺は、檀家に頼りっきりで、宗教団体が檀家や信徒に行うなうべきサービスの必要性を考えようともしない。檀家はお寺にとって永遠の搾取の対象でしかない。

葬祭とは葬式と祭祀（法事）である。葬式と法事は、いずれも亡くなった方への供養ということで違いはなく、ただ大きく異なる点として、葬儀では戒名を授ける式がある。仏教界では、戒名に伴う階級を当然のものとして受け入れており、たいへん差別的である。もう一つ、「葬式仏教」の収入の軸となっているのが墓地経営である。墓地使用料、永代使用料などといわれる。戒名授与を含む葬式と法事、そして墓地が「葬式仏教」の経済をささえている。

戒名を授かるということは、僧侶になるということである。このような死後出家の考え方は、元来の仏教にはないものである。これは江戸時代のものである。ただ、授戒という行為こそが、僧侶の立場を端的にあらわしたものであり、宗派やお寺としてはこれだけは死守しなくてはならない。その一方で、今、「戒名なんていらない」という方が増えている。そこで、時代の要請に合わせて、「俗名可」という新システムが、必要となってくる。「戒名を受けずに、本名で葬儀をやれますよ」というのが「俗名可」である。

なぜ戒名の差別はなくならないのか。一つ目の理由は、戒名授与式がお寺の経営を支えているという現実である。もう一つの理由は、檀家の制度の呪縛である。お布施の多寡によって家格を決めよう、家柄による差別を固定化しようとする。

とはいえ、葬儀の簡略化には歯止めがかからない。葬儀の時間が短縮されている。参列している方たちが、長時間の儀式に耐えられないからである。それから、葬祭そのものが、省略されるようになっている。かつては一般的だった一周忌や三周忌をやる家は、少なくなった。四十九日忌の法要も減ってきている。初七日は本葬の「つけたし」のようになっている。

このような簡略化の波は葬儀本体に達しようとしており、「葬式なんか、やらなくてもいいよ」という親が増えている。もっとも簡略化されたお葬式が、「火葬式」で、火葬場に僧侶が出向き、炉の前でお経を上げて送りだす。はじめからこれを望まれる方が、皆無ではない。さらに、「葬式なんか、いらない」と考える人が、増えてきている。どんなふうにあの世に送られるかを選ぶのは、その人の自由である。

日本の宗教が政治権力に統制されるようになったのは、江戸時代からである。一七世紀前半に取り入れられたのが「寺請制度」である。日本に住むすべての民衆は、幕府が定めた仏教宗派のいずれかに属さなければならないという制度である。「檀家」のシステムも江戸時代から始まる。お寺と檀家の切っても切れない関係、いわゆる「寺檀制度」である。これはお寺が民衆に寄生して、生存権を保証される制度でもあった。寺檀制度というのは、宗教制度ではない。

今の仏教界を堕落させているのは、お布施の強要を前提とした寺檀制度と、固定化された本末制度である。二〇一二年六月、見性院は、檀家制度を廃止した。墓地使用にかかる護持会費も廃止した。信仰にとって、もっとも大切なのは、自分の意志で選択できる自由である。日本人は、いますぐ自由になって、どういった信仰をするか（あるいは信仰をしないか）を自分の意志で決めなくてはならない。

見性院に社会事業の機能を取り入れることを目標にしている。道場や飲食所などの設立である。道場は生活する場、そして生涯学習や奉仕の日々を提供する。いわば、寺子屋兼研修道場である。飲食所では、近隣の農家から提供していただいた野菜などをボランティアの市民が調理し、できた料理はお布施で召し上がってもらう。こうして、社会の中心にあるお寺を復興したい。

寺檀制度を廃止したことで、見性院は新しい信仰のモデルを提示することになった。それが、「ずい縁会」という信徒会制度である。ただ墓地を使用しているだけの人は、自由会員である。つぎに法事などの宗教儀礼が必要な時だけ、そのたびのお布施をいただく、賛助会員とし、準信徒の待遇とする。最後が信徒である。正信徒、正会員として待遇する。信仰のレベルによって三段階に分けてその方に合ったお付き合いをさせてもらう。不要といっている方を勧誘しつづけるのは、強要になってしまうので、望まない方に対しては中止しようというのが、この制度の主旨である。

もう一つは「善友会」で、僧侶や神道関係者などが集まる任意の組織である。主だった仏教宗派のほとんどから参加者がある。最初に確立したいのが、僧侶の紹介サービスである。すべてが一度に変革するわけではないが、少しずつ風穴が開きつつある。お寺の住職は檀家を解放する、一方の檀家は離壇するということが、全国規模で行われていけば、かならず仏教の未来がはじまる、と橋本氏は結んでいる。(28)

これら以外にも、現在の仏教に対して批判的な論評として、文化人類学の上田紀行の『がんばれ仏教!』(二〇〇四年)や経済学者の中島隆信『お寺の経済学』(二〇〇五年)、仏教研究家の村井幸三の『お坊さんが困る仏教の話』(二〇〇七年)と『坊さんが隠すお寺の話』(二〇一〇年)などがある。(29)

以上の著作においては、総じて現在の寺院（仏教）の衰退を指摘すると同時に、戒名の制度をなくすことと寺檀制度を廃止することが述べられている。つまり、一つは僧侶が漢文音読のお経を読むだけの存在に成り下がっているということである。人々がお経の意味を理解することなく、ありがたがって聞いていることはもはやありえなくなっているのである。日本語でお経を読むことは最低限やらないといけないだろう。(30)

二つ目は、檀家制度を止めて、戒名も止めて、いったん宗教から自由になってから、葬式をどうするかということを考えなおすことである。日本人は一度、全員が檀家を止めて仏教から解放されることが重要であり、その後で死後の事柄などについて考えることが大切である。それが普通に考えた宗教の自由の意味である。(31)

## 三　「寺院消滅」へ、そして「宗教消滅」へ

一七世紀前半に江戸幕府に強制されて以来、長きにわたって檀家制度が続いてきたが、ここに来てその制度が根本から問い直されている。「全国の寺院が存続の危機に瀕している」のであり、「将来的に全国の七万七〇〇〇ヵ寺のうち、三割から四割が消滅する可能性」があるのである。現在では「地方から都市への人工の流出、住職の高齢化と後継者不在、檀家の高齢化、布施の『見える化』、葬儀・埋葬の簡素化など、社会構造の変化に伴う問題が次々に浮上。全国では空き寺が急増し、寺院の整

理・統合の時代を迎えようと」しているのである。[32]

このように、寺院消滅あるいは寺院衰退が明白になっているのだが、さらに宗教消滅あるいは宗教衰退を説いているのが島田裕巳である。「日本の宗教は確実に衰退の兆候を示している」「これからの世界において、先進国ではいっそうの無宗教化、世俗化が進んでいくはずだ」「世界全体において、宗教はその力を失い、無宗教化してゆく傾向が著しくなっている」「人類は、今や宗教なき世界へむかっている」と島田は述べる。[33]

島田は「『身内だけで葬儀は済ませた。家族葬だけで葬った』と言えば、それで済む時代が訪れたのだ」という。直葬が今の社会にふさわしい人の葬り方として認知されれば、それは問題視されない。地域社会の絆が弱くなった今、その人間関係に縛られて世間体を気にしなければならない必要性はかなり薄れている。とくに大都市では、世間体を気にしようにも、世間自体が見えないものになっている。死者を葬る時、自分たちの考えや都合で、その規模や内容を決めればいい。そうである以上、私たちは人を葬ることで法外な費用を払う必要はなくなっている。しかし、まだ私たちを強く縛っているものがある。それが仏教式の葬儀である。

日本の仏教ははじめは葬儀とは結びついていなかった。それは南都六宗を見ればはっきりする。奈良時代に栄えた六つの仏教宗派で、法相宗、三論宗、華厳宗、律宗などがある。寺としては、法隆寺、東大寺、興福寺などがある。これらの寺には墓地がなく、僧侶たちは葬儀をあげることはなく、墓でつながった檀家もいない。南都六宗は葬式をしない宗派なのである。

日本の仏教が葬式仏教となるための重要な要因は、一つは浄土教信仰であり、もう一つは禅宗による葬儀の開拓である。浄土教信仰は、死後に西方極楽浄土に生まれ変わることを目指すものであり、インドの輪廻転生の考え方にはあり得ないものである。源信、法然、親鸞らの流れの中で、浄土教信仰は死と仏教とを強く結びつけていった。一方、仏教式の葬儀の方法を編み出したのは禅宗であり、その中の曹洞宗であった。曹洞宗の宗祖は道元であり、彼は中国の禅宗に伝わる『禅苑清規』という書物をもとに、修行途中で亡くなった雲水の葬儀の方法を俗人の葬儀に応用する道を開いた。これによって日本に独自な仏教式の葬儀が確立された。

江戸時代に入ると幕府は寺請制度を設け、それぞれの家が必ず地域の寺の檀家になることを強制した。村の中にはそれぞれの家が檀家になった菩提寺が建てられ、そこが死者の供養を担った。これによって、死者は必ず仏教式の葬儀によって葬られるという仕組みが確立された。もう一つ重要なことは、先祖崇拝・祖先供養の成立である。先祖を供養するという考え方は、もともと仏教にはなかった。しかし、中国を経て、仏教の中に祖先を重視する儒教の教えが入り込み、祖先崇拝の観念が浸透していった。位牌という日本独自の習俗も、儒教の信仰に基づいている。こうして、江戸時代において、死者を葬るための信仰を構成する要素がすべて出そろい、葬式仏教という一つのシステムが構築された。

その後、江戸幕府が倒れ、寺請制度は廃止されたのだが、国民の圧倒的多数は村落共同体の住人だったのであり、第二次世界大戦が終わるまでこの体制は続いた。体制の変化をもたらしたのが、戦後の高度経済成長期以降に進行した都市化である。都市には葬式組の代わりに葬祭業者がいて、葬儀は地域共同体の行事ではなくなる。サラリーマン家庭ではその家の経済的な基盤を確立した先祖はおらず、祖先崇拝の必要性は生まれない。ただ、僧侶を呼んで仏教式の葬儀を営むこと自体は、共同体がなくても可能であった。その結果、仏教式の葬儀は、しきたりとして民衆のあいだに受け継がれることになった。

しかし、その仏教式の葬儀は、現実にそぐわないものになっている。高齢で亡くなった故人はすでに成仏している。そうである以上、一般的な葬儀をしなくても問題はない。そう考える人たちが直葬を選択し、僧侶を呼ばなくなっている。多くの人の場合、仏教式の葬儀の力によって故人を成仏へと導く必要があるとは考えていない。

葬儀はいらない、という時代が訪れている。あるいは、家族や親しい親族だけが集まる家族葬で十分だ。それが現在の傾向である。ただし、いくら葬儀の簡略化が進んだとしても、後には遺骨が残る。土葬の時代には、基本的に土葬してそれで終わりだった。火葬の場合も、地域の慣習が全骨収骨ならそれに従い、部分拾骨ならまたそれに従った。

そんな中で、遺骨を墓には葬らず、海や山に撒く自然葬、散骨という方法が知られるようになってきた。本章の「はじめに」で触れたように、一九九一年に発足した「葬送の自由をすすめる会」が初めて実施したもので、自然葬とは遺骨を細かく砕いて海や山や川などに撒くものである。自然葬をしてしまえば、後には遺骨が残らない。遺骨がなければ、墓を作る必要もない。

島田は自然葬にさらに先があると考えている。土葬は埋めたら終わりである。火葬の場合でも、火葬した時点で終わりにすべきである。遺骨の処理は火葬場に任せ、それを引き取らないのである。それが0葬《ぜろ》である。多くの火葬場では遺骨を引き取ることが原則になっているが、火葬場によっては、申し出があれば遺骨を引き取らなくてもよい所があり、火葬場に処分を任せることができる。

0葬に移行することで、人々は墓の重荷から完全に解放される。墓を造る必要も墓を守っていく必要もなくなるからだ。自然葬は自然に換るための方法であるが、どうしても人の手を煩わす。死者は自分では海や山に還れない。だが、0葬ならば、自然葬以上に人の手を煩わすことがない。

今、もっとも簡単な人の葬り方ということになれば、直葬であり、0葬である。つまり、火葬場に直行し、そこで荼毘に付した後、遺骨を引き取らないのである。0葬がどこでも可能になるならば、死後の不安は解消される。死にゆく者も生き続ける者も、葬儀や墓にかかる金のことで心配する必要はなくなる(34)。

このように、島田は0葬を唱えることによって、葬式の簡略化が進んでいることを示している。そして、葬式無用の流れは、葬式仏教を衰退させることにもつながっていく。葬式仏教が衰退し、葬式を無用なものにする動きが強まっていく。その流れを押しとどめることは難しい、という(35)。

ただ、宗教消滅はまだ先のことになりそうであるが、その前に葬式仏教が衰微し、葬式の無宗教化が徐々に進行してゆくことであろう。現在の葬式の変容・短縮化は、近い将来、葬儀が無くなるということではない。それはおそらく葬儀の無宗教化の終わりの始まりだ、と考えることができるのである。

すなわち、本来、「坊さんは、葬式などあげなかった」のであり、葬式のために坊さんがいる訳ではなかったのである。仏教と葬式は結びつきを持っていなかったのであり、葬式と仏教を切り離すことが、一番大事な事柄である。[36] そして、そうしたことはじつは日本の仏教のためになると考えられるのである。仏陀は生きている人間の苦を問題にしたのであり、仏教徒は葬式の儀礼にいそしむ必要はなかったのである。

## 注

（1）島田裕巳（監）、Group21（編）『お墓なんていらない』日東書院、二〇一一年、四七頁。
（2）島田裕巳（監）、Group21（編）『お墓なんていらない』七二頁。
（3）島田裕巳（監）、Group21（編）『お墓なんていらない』一二八頁。手元供養（https://ja.wikipedia.org/wiki/%E6%89%8B%E5%85%83%E4%BE%9B%E9%A4%8A）。
（4）山崎譲二『「お墓」の心配無用——手元供養のすすめ』祥伝社、二〇〇七年、九一頁。
（5）納骨堂info　納骨堂とは（http://www.nokotsudo.info/about/）。納骨堂の費用ガイド　東京編　納骨堂の種類と特徴（http://納骨堂費用.net/charnel_guide/kind_of_charnel.html）。
（6）島田裕巳（監）、Group21（編）『お墓なんていらない』一一二—一一三頁。
（7）コトバンク「直葬」（https://kotobank.jp/word/%E7%9B%B4%E8%91%AC-190769）。
（8）コトバンク「家族葬」（https://kotobank.jp/word/%E5%AE%B6%E6%97%8F%E8%91%AC-463146（E3.83.87.E3.82.B8.E3.82.BF.E3.83.AB.E5.A4.A7.E8.BE.9E.E6.B3.89）。
（9）一日葬なび　一日葬（http://www.1-sogi.com/about.html）。
（10）尾出安久『ブラック葬儀屋』幻冬舎、二〇一六年、一八一頁。
（11）斎藤美奈子『冠婚葬祭のひみつ』岩波書店、二〇〇六年、八三頁。
（12）島田裕巳（監）、Group21（編）『お墓なんていらない』四六—四七頁。

(13) 島田裕巳（監）、Group21（編）『お墓なんていらない』四八頁。

(14) 島田裕巳（監）、Group21（編）『お墓なんていらない』五六―六七頁。なお、カプセルに入れた遺骨を人工衛星に乗せて宇宙に打ち上げる、宇宙葬というものもある。これは対象が海や山から宇宙に変わっただけで、一種の散骨といえる。島田裕巳『葬式は、要らない』幻冬舎、二〇一〇年、四七―四八頁を参照。

(15) 島田裕巳（監）、Group21（編）『お墓なんていらない』七〇―七五頁。千坂げん峰・井上治代（編）『樹木葬を知る本』三省堂、二〇〇三年、一五―一六頁。

(16) 千坂げん峰・井上治代（編）『樹木葬を知る本』一八五、一八八頁、二一〇頁。

(17) 島田裕巳（監）、Group21（編）『お墓なんていらない』八二―九三頁。

(18) 島田裕巳（監）、Group21（編）『お墓なんていらない』一二六―一二九頁。山崎譲二『「お墓」の心配無用――手元供養のすすめ』祥伝社、二〇〇七年、五〇―五一頁。

(19) 山崎譲二『「お墓」の心配無用――手元供養のすすめ』、六〇―六八頁。

(20) 島田裕巳（監）、Group21（編）『お墓なんていらない』九六―九八頁。「永代供養墓とは」ＮＰＯ法人永代供養墓推進協会（http://www.ipot.co.jp/what.html）。

(21) 島田裕巳（監）、Group21（編）『お墓なんていらない』一〇三頁。

(22) 島田裕巳（監）、Group21（編）『お墓なんていらない』一〇〇頁。「暮らしづくり　終括」「合葬墓」（http://shukatsu.nifty.com/haka/knowledge/report004-002/）。お墓トレンドビュー「永代供養墓と合葬墓、何がどう違うの？　2014 12, 12」（http://sonae.sankei.co.jp/ending/artcle/141212）。

(23) 納骨堂info 納骨堂とは　納骨堂のタイプ（http://www.nokotsudo.info/about/02.html）。納骨堂の費用ガイド納骨堂の種類と特徴（http://納骨堂費用. net/charnel_guide/kind_of_charnel.html）。

(24) 島田裕巳（監）、Group21（編）『お墓なんていらない』一一二―一一四頁。お墓はなくてもだいじょうぶ「本山納骨」（http://www.hakairazu.com/honnzan.htmlki）。エンディングパーク「本山納骨～特徴と手順～」（http://en-park.net/books/7763）。

(25) 高橋卓志『寺よ、変われ』岩波書店、二〇〇九年、八―九頁、六五頁、一五七―一五八頁、一八三頁、二一三―二一四頁、二二三―二二四頁。
(26) 秋田光彦『葬式をしない寺』新潮社、二〇一一年、七頁、一四―一五頁、四〇―四五頁、一三七頁、一四五―一四八頁、一五三―一五四頁、二〇三―二〇四頁。
(27) 田代尚嗣『葬式にお坊さんは要らない』日本文芸社、二〇一一年、一四―一六頁、二一頁、四七頁、六〇―六三頁、九四頁、九六―九九頁、一〇四―一〇六頁、一七二頁、一九〇頁。
(28) 橋本英樹『お寺の収支報告書』祥伝社、二〇一四年、三二―三三頁、三六頁、七二―七三頁、八二―八四頁、九四―一〇〇頁、一〇四―一〇八頁、一一〇―一一五頁、一五八―一五九頁、一七六―一七八頁、二〇五―二〇七頁、二一五―二一七頁、二二一―二二四頁、二三一頁。
(29) 上田紀行『がんばれ仏教！』日本放送出版協会、二〇〇四年、三九―四七頁、二四〇―二五〇頁。中島隆信『お寺の経済学』東洋経済新報社、二〇〇五年、二二〇頁。村井幸三『お坊さんが困る仏教の話』新潮社、二〇〇七年、一四三―一八五頁。村井幸三『お坊さんが隠すお寺の話』新潮社、二〇一〇年、一七四―一八〇頁。
(30) 戸次公正『意味不明でありがたいのか――お経は日本語で』祥伝社、二〇一〇年。
(31) 寺檀制度の一つの問題点は、それが「僧侶を寺に閉じ込めている原因」であることである。僧侶は自分の檀家のためだけに生活しているような内向きの存在になっているということである。たとえば、海外でボランティアをすることなどが極めて困難となっているのである。鵜飼秀徳『無葬社会』日経BP社、二〇一六年、一九三頁。
(32) 鵜飼秀徳『寺院消滅』日経BP社、二〇一五年、二六六―二六七頁。
(33) 島田裕巳『宗教消滅』SBクリエイティブ、二〇一六年、二六頁、二三六―二三七頁。
(34) 島田裕巳『0葬――あっさり死ぬ』集英社、二〇一四年、一二八―一三〇頁、一三五―一四八頁、一五四―一五六頁、一五九頁、一六五―一六六頁、一六九頁、一七一―一七三頁、一七七―一八四頁、一九七―一九九頁。
(35) 島田裕巳『葬式は、要らない』幻冬舎、二〇一〇年、一八四―一八五頁。
(36) 島田裕巳『坊さんは、葬式などあげなかった』朝日新聞社、二〇一〇年、二〇―二六頁。

第二章

# 神道の行方

## はじめに

宗教が衰退している。とくに日本の近年の仏教は退潮の傾向が著しい。江戸時代以降、「葬式仏教」になってほとんどの葬式や法事は仏教が執り行うことになったわけだが、その仏教が現在、急速に衰微している。たとえば、葬祭業者によって一日葬という儀礼を短縮した葬儀ができるようになってきた。一日葬とは、通夜を行わず、家族・親族・友人が集まって告別式と火葬を一日で行う葬儀である。高齢の親族や遠方の知り合いの負担軽減であったり、告別式と通夜の区別がつかない会葬者が多くなったことなどにより、はじめられた葬儀である。一日葬は「近年葬祭業者によって提案された新しい葬儀スタイル」なのである(1)。

一日葬以外にも直葬や家族葬といった儀礼を短縮した葬儀が起ってきている。そして、それらとともに散骨、樹木葬、永代供養墓、納骨堂といった新たな埋葬形態も見られる。納骨堂を例として挙げよう。最近、東京などの大都会では土地が高くなり、お墓を買うことが難しくなっている。そのため、恒久的に遺骨を祭祀する施設として納骨堂を使用するようになった。墓の代わりに納骨堂を使って身近な人の霊を慰めるということである。人が死んだら家のお墓、という考え方が絶対的なものではなくなりつつあるのである（最近では納骨堂を永代供養墓として利用したいという要望があり、納骨堂が永代供養墓の役割を果すようになっている）。散骨や樹木葬もほぼ同様である。散骨は墓を廃止し、粉砕した遺骨を海や山などにまく、というものである。樹木葬は、墓石の代わりに、樹木を墓標にする葬送である。樹木葬は墓埋法が適用され、墓地として認可を得た土地でないと行うことができないのである。散骨も樹木葬も無宗教の永代供養納骨堂と同じく、脱お墓、そして脱継承の意味合いをもたらしている。

このように、「葬式仏教」の退潮は明らかに顕在化しているのであるが、神道はどうであろうか。一応、正月の初詣（これは寺社を含む）は人出が多いようである。二〇一九年の人出ランキングによると、一位の明治神宮（約三一七万人）、五位の伏見稲荷大社（約二五〇万人）、六位の住吉大社（約二三一万人）、七位の熱田神宮（約二三〇万人）と太宰府天満宮（約二三〇万人）、九位の武蔵一宮　氷川神社（約二一〇万人）、一〇位の宮地獄神社（約二〇〇万人）という具合に多くの人々を集めている（二位から四位は寺社なので省略）(2)。また、もともと関東地方の習俗であった、一一月一五日に多い七五三なども神社で行っている（ただし、最近は寺社で七五三を行うところもある）。その他、地鎮祭や自動車のお祓い、結婚式や厄払いやお宮まいりなどの儀礼もある。

しかし、神主は基本的に「食べていける職業」ではない。「参拝客の投げる賽銭やお守りなどの《売り上げ》が見込めるのは、観光地にもなっている一部の大神社に限られる」。そして「神社本庁の数字を見ると、神社数こそ七万八九六九と膨大だが、教師は二万一六九八人しかいない。三・六社に一人の割合でしか神主がいない計算だ。複数の神社の宮司を掛け持ちしても、生活していく収入が足りず会社員などを兼業している」のである。[3]

あるいは、宗教社会学者の石井研士は、「二〇一四年、日本創生会議が『消滅可能性都市は八九六』と発表した。この市町村にある宗教法人数を調べると、全国の宗教法人の三五・六%にあたる六万二九七一法人あった。このうち神道系は三万二八六七法人（全神道系の四〇・一%）、仏教系は二万四七七〇法人（全仏教系の三二・七%）。極めて単純に言えば、全宗教法人の三分の一以上は消滅する可能性がある」と述べている。このように、仏教系と神道系ともにその宗教法人数を大きく減少させてゆくと見込まれている。[4]

こうしてみると、将来的に神道も仏教と同じく、けっして安泰とは言い難い。ゆえに本章では神道の行方を探ってみたいと考えるのである。

## 一　神道の始まり

神道の始まりはいつからだろうか。岡田荘司によると、「神道」の成立期論はおもに四説あるという。

第一説は「七世紀後半・八世紀、律令祭祀制。天武・持統天皇朝成立説。太政官とともに神祇官が立てられ二官体制のもと律令官社制度が完成する。『神祇令』が制定され、国家の祭祀体制が確立した時期。大嘗祭・伊勢式年遷宮もこの時期に始まる。――これを『神道』の成立と論じる見解は多い」。

第二説は「八・九世紀、平安時代初期成立説。提唱者は高取正男。朝廷における禁忌意識、神仏隔離の成立から『神道』の自覚過程を明らかにし、地域社会に根ざした『神道』の台頭に注目する」。

第三説は「十一・十二世紀、院政期成立説。提唱者は井上寛治。二十二社奉幣と諸国一宮制が成立し、中世的天皇神話や神国意識が地域社会へ浸透していった時期に『神道』の成立を求める。井上寛治は黒田俊雄の影響を強く受けるが、黒田の論じた顕密体制が神祇の存在を過小評価することを批判し、顕密体制下における神祇信仰の発展期を、その成立期とした」。

第四説は「十五世紀、吉田神道成立期説。提唱者は黒田俊雄。顕密体制が解体してゆくなか、顕密仏教の一部であった神祇の存在は、自立し、吉田神道を創出した。顕密体制の終焉とともに、初めて『神道』が成立したとする」。

以上にまとめた上で、岡田は「第一説の古代律令神祇体系のなかに、神道的要素を抽出することは可能であるので、律令祭祀制を成立の基本に置くことにした」としている(5)。

また、三橋健が監修した書物にも同様な四説の紹介がなされている。①七世紀後半～八世紀説（飛鳥～奈良時代）天武・持統朝に律令制に基く神祇祭祀が整備され、全国の神社は朝廷の管轄下に置かれ、天皇を頂点とする神社・祭祀のシステムが築かれる。②八〜九世紀説（平安時代初期）律令制に基く天皇・朝廷を中心とした祭祀制度が確立し、また、神仏習合の流れに抗して神仏隔離が行われ、「神道」が自覚される。③一一〜一二世紀説（院政期）律令制は衰退するが、それに代わって合理的な二十二社奉幣制・諸国一宮制が成立し、それによって全国に神話や神国意識が浸透した。④一五世紀説（室町・戦国時代）神仏習合的な神道説を批判して、独自の教説を唱える吉田神道が成立。体系的な教理を整備して、明確に宗教化した「神道」が登場する。(6)

そして、三橋は「日本の民族的宗教としての『神道』の起源については、さまざまな見解があるが、この語自体が、日本の民族的宗教の総称として一般化するようになったのは、中世以降とみるのが、現在では通説である」という。また、「『神道』の語が日本の民族的宗教の定着したのは」「中世（鎌倉時代以降）からである」としている。このことは「神道というものが、歴史の中で変遷し、形成されてきたものであること、つまり、神道が作られたものであることを、よく物語っている」と述べている。(7)

もっとも、神道の起源については、一つは、「縄文時代に森林で生活した人々の文化、宗教に求める」もの、二つ目は、「稲作の広まった弥生時代に始まる祖霊信仰（祖先崇拝）に置く」もの、さらに「『神道』の起源は鎌倉時代にある」とするもの、という別の三説を挙げて、「神道は精霊崇拝（アニミズム）と呼ばれる縄文時代の祭祀とその中から生み出されたさまざまな文化の流れをひくとする立場」という最初の説をとる武光誠もいる。(8)

とはいえ、M・テーウェンの言うように、「分かり切ったことだが、神道は、時代を超えた日本文化の背景になったというよりもむしろ、ある時点で『成立』した歴史の産物である」と考えたほうがいいだろう。(9)そして、「〈神道〉の歴史の端緒は鎌倉時代にあり、それが結実したのは、室町時代だった」と見ることができる。(10)

つまり、「十世紀に、すでにかなり衰退していた神祇祭祀と、それにとって代わった仏教的な『神道＝ジンドウ』儀礼と、後期中世に『神道＝ジンドウ』から発展した『神道＝シントウ』との間には、明確な違いがあるのである」。「すなわち、神道は古代の神祇祭祀を直接継承したのではなく、むしろ土着の神々を仏教的な世界に馴化し昇華させる伝統に基づいたものであることが明らかになる」。「この言説が、ある程度以上の独自性、または特殊性をもうようになった時に、『神道＝ジンドウ』の概念化が最終段階に入り、その読み自体が、一つの流派・宗派を特徴づけるものとして『神道＝シントウ』に変えられたのである」とされる。このようにテーウェンによると、①神祇祭祀②仏教的な神道＝ジンドウ③一四一九年の神道＝シントウに分けられ、室町時代前期に「神道」概念の画期があったことになる。(11)

以上のように、井上寛司が言うように「古代において、『神道』の語は『シントウ』の読みはもちろんのこと、その具体的な内容においても、まだ日本独自のものをもっておらず、『日本固有の』という意味合いをもつようになるのは中世以後のことと考えなければならない。『神道』の言葉はあっても、その内容が明確なかたちで定まっておらず、きわめて漠然としたものであった」のである。つまり、『神道《しんとう》』が、日本の古代やそれ以前ではなく中世になって成立し、そしてそれが広く定着したのは、さらに遅れて中世末から近世初頭にかけてのこと」だった。そして、「テーウェンの指摘で私も強く同意するのは、『日本書紀第一聞書』がなった時期（一四〇〇年前後）を神道流派の登場と関連づけている点である」。「仏教から独立した宗教として『神道』が見えるようになるのは、まさにこの頃」だと伊藤聡は述べている[12]。

日本思想史や宗教学の近年の研究を眺めてみると、「神道」の場合、おおよそ一四〇〇年頃に「基本的に〈固有〉宗教として自己形成してゆく」ものと見なすことができるだろう[13]。

## 二　神仏習合

神道について次に考えてみたいことは、神仏習合である。「神仏習合という現象は、神仏両者が接近し、結合・融合することをいう」。あるいは神仏習合とは「神祇信仰と仏教が複雑なかたちで結合し、独特な信仰の複合体を築いたものをいう」のであるが、始まりは一応、仏教が五三八年（あるいは五四八年）に公伝された後、奈良時代（八世紀）の神宮寺の出現以後ということになる[14]。つまり、神仏習合の時代があって神仏が発展したのだが、その後、近代において明確に分離し始めたといえる。

神仏習合のまず始まりは、神宮寺の出現である。神宮寺とは神威の衰えた神を救い護るために神社の傍らにできる寺院である。あるいは、神宮寺とは、地域の神々が神であることの苦しさを訴え、その苦境から脱出するために神の身を離れ（神身離脱）、「仏教に帰依して仏になろうとする神々の願いを

実現する場として成立した寺」である。(15)

神宮寺創設の特徴としては、以下の四点を挙げることができる。（1）神の苦悩を仏力を加えることによって救い、神威を一段と発揮させる。そのために神宮寺を建立する。（2）この結果として農耕生活の安定（風雨順調・五穀豊穣・疫病除去など）がもたらされる。（3）神宮寺創建の推進力は地方の豪族層であること。（4）神宮寺創建に関係した仏徒は、ことごとく山岳修行者（沙弥《しゃみ》・優婆塞《うばそく》・禅師など）である。(16)

各地に神宮寺ができあがると、神前読経、すなわち神の前でお経を読むことが、行われるようになる。神は仏法を悦ぶと考えられるようになり、必然的に神は読経も悦ぶものと考えられたのである。(17)また、神宮寺には本尊をはじめとする仏像が安置されるが、同時に神像も安置されるようになる。仏教の仏の像から影響を受け、これまでになかった神像が出現したのである。(18)

このように、「日本各地に、他国に類例を見ない、神社（基層信仰）と寺院（普遍宗教）が正面から結合し、仏になろうとして修行する神（菩薩）のための寺」という形の神宮寺が生まれてくる。そして、それは「宗教の構造が、基層信仰（神祇信仰）と普遍信仰（仏教）の完全に開かれた系での複合体」という形で展開してゆくのである。(19)

その次に見ておきたいのが、本地垂迹説である。「本地とは、物の本源、本来の姿をいい」、「仏や菩薩の本来の姿のこと」である。したがって、「本地垂迹説とは本厳としての仏や菩薩が、人間を利益《りやく》し、衆生を救うために、迹《あと》を諸方に垂《た》れ、神となって形を現わすという説」ということである。言い換えると、本地垂迹説とは「菩薩・諸天が神と化して跡を日本各地に垂れて現れるという意味で、具体的には、日本各地の神社に祀られた神々を、仏教の神仏が仮の姿をとって現れたものと理解するもの」であり、「平安中期に擡頭し、平安後期から中世を通して日本を覆った、仏教側からの神祇信仰抱き込みの教説体系である」[20]。

本地垂迹説は「神の側から仏に近づくのではなく、仏自体が積極的に神の世界に侵入して仏の化身とみずからを位置づけるというもので」あったのであり、「仏教が優位に立ったうえで、そのイニシアチブで神祇の世界のすべてを包摂・統合していこうとする積極的な論理」なのである。それによって、「仏教界は王権と世俗世界にむけて、仏の世界が神祇の世界の上位に立つことを最終的・決定的に論理化することに成功した」のであった[21]。このように、「仏が根本（本地）で、神は仏が仮の姿で現われた（垂迹）ものである」とする本地垂迹説が生み出されていった。そして、「名実ともに仏教が習合の主導権を握った」のである[22]。

しかしながら、元寇以降は神国思想が明確に台頭してくるのであり、神の優位が説きはじめられるようになる。そこで「神こそ本地であり、仏は神が仮の姿になって現われたものであるという考え方が」起こってくるのである。すなわち、反本地垂迹説が生まれてくる[23]。中世になると神国思想の高まりと呼応しながら、神の優位が説き出される。そして、「神仏関係にも逆転が生じて、神本仏迹を説く神道論が現われ、反本地垂迹説」になったのである[24]。

さて、ここで付け加えたいことがある。それは社僧（もしくは別当）の存在である。社僧とは神仏習合の時代に神宮寺において仏事をつかさどった僧のことである。「神宮寺建立とあわせて、神前で経典が読経されたり、写経が神社に奉納されたりするようになった。これを仏法の楽しみを信受させるという意味で『法楽』という」[25]。

社僧は別当、検校、勾当、専当、執行など多くの職階からなる僧侶からなり、神官は別当を長とする僧侶の支配をうけた。また、社僧は半僧半俗であり、妻帯を許された。平安時代以は、全国の諸社に社僧が置かれるようになったが、明治の神仏分離令により、その制度は廃止されたのである[26]。

神宮寺に所属し、神々のために仏事を行った僧侶である社僧とともに、山岳宗教者の修験者や山伏も忘れてはならない。出羽三山などは、明治の神仏分離以前は「非常に仏教色の濃い神仏習合、すなわち修験道の聖地であり、行事や祈禱は仏教的な様式で行われていた」のである。また、「英彦山、熊野、白山などのように山岳信仰と強く結びついた修験道の聖地」は、「中世から近世にかけては」、「仏教化した神である権現を祀る、きわめて仏教色の濃い神仏習合の霊場として栄えていた」のである。つまり、「修験者や山伏たちは、社僧と並ぶ神仏習合の重要な担い手」だったのである[27]。

社僧や修験者や山伏が存在し、神宮寺や山岳霊場が機能していたということは、神仏習合は明治時代に至るまで続いていたといえよう。ただし、現代において、まえがきで見たように、初詣は（後で述べるように、それは近代の新しい習俗であるが）神社以外に寺院でも行われている（ちなみに、二〇一九年度の参拝者数第二位が成田山新勝寺、第三位が川崎大師平間寺、第四位が浅草寺である）[28]。また、すでに述べたように、七五三は神社のみならず寺院でも行われている。すなわち、現代においてもなお、一八六八年に神仏分離令が出されたにも関わらず、民間レベルでは、神道と仏教は完全に分離しているとは言い難い。神仏習合は庶民信仰のレベルにおいて、いまだ残存しているといえるのである(29)。

## 三　儒家神道と復古神道とその後

近世の到来において、封建制を思想面から理論づけたのは儒学とりわけ朱子学であった。朱子学は封建社会のあらゆる面から仏教を追い出してゆく。神道からも仏教が追い払われ、神道は儒教と習合してゆく。林羅山・吉川惟足・山崎闇斎らによって、神儒習合による神道論が成立するのであった(30)。

林羅山は儒学者として徳川将軍家に仕え、みずから「理当心地《りとうしんち》神道」を唱えた。それは神道理論を儒学によって構築したもので、「儒家神道」の濫觴である。羅山の神道論の前提となっているのは、神道と儒教は同じ宇宙万有の原理（理）から発生したという神儒合一論である。つまり、神儒一致の視点から提唱したのが理当心地神道だったのである。理当心地神道とは「神＝心＝理と考えることを基本とし、個人の心や行いを正しくするだけでなく、神の徳や力によって国家に王道政治をもたらす神道だ」ということである(31)。

羅山はまた、三種の神器の神璽《しんじ》・剣・鏡はそれぞれ仁・勇・智の三徳を象徴していると理解した。「三徳の象徴である三種の神器を天皇が伝承していることは、神道が、儒家の仁徳にもとづく政治「王道」と原理を同じくしていることを証明している」と論ずる。すなわち、「羅山は、神道の実践とは王道の実践であると説き、神道がめざすものは、すなわち儒教的徳治主義にもとづく王道政治である」としている。

羅山に特徴的なのは、仏教色を徹底的に取り払っていることである。日本の神道と中国の儒教は本来同一のものであり、仏教はそうではないので排斥されるのである。また、羅山は朱子学における理(万物の根本原理)と気(理から派生する個々の物質的特性)の関係を、神道に当てはめて、儒教と神道がいかに共通しているかを述べた上で、そこから外れる仏教を批判している(具体的には、神道の神は、朱子学の理だと解釈されている)。このように、羅山は仏教を外道とし、神仏習合思想を激しく否定したのである。(32)

次に山崎闇斎についてである。山崎闇斎は垂加神道という独自の神道説を唱えた。「垂加」とは、「天照大神の神勅『神垂《かみのしで》は祈禱《ねぎごと》を以て先とし、冥加《くらきのます》は正直《ますぐ》を以て本とせり』(『倭姫命世記《やまとひめのみことせいき》』ほか)から採られたもので、一心不乱に神を祈り、正直な心を常にもつことを求める、神道人としての基本的な教え」を示している。闇斎は自身の霊社号を「垂加」とした。よって、闇斎の神道説を「垂加神道」と呼ぶ。闇斎は朱子学と神道を併せて研究することを道徳的な道であると主張した。彼は神儒一致の立場から垂加神道を創唱し、仏教を排撃したのである。(33)

垂加神道の教説に「土金《どこん》の伝《でん》」というものがあるが、「土がしまって金になるように、心身を緊張した状態に保持すること、つまり『つつしみ(敬)』こそが、人間の生き方の基本であるという」。闇斎は「神道の宗源は土金にあり」と述べている。(34)

闇斎はまた、「革命を否定し、君と臣とは、君臣合体の境地に達するまで相互に努力せよ」と説いた。そして、「君臣関係とは、天皇と臣・民との関係であり、永遠にその関係は不変でなければならない」とした。すなわち、「天皇が不徳ならば有徳の皇子に代えることも可とする儒家的な革命論を否定し、君（天皇）の地位は絶対不変であるとしつつ、君と臣とは君臣合体の境地に達するまで相互に努力すべきである」と論じた。

垂加神道は、神職のみならず、公家・武士に広く伝わった。そして、国学や復古神道が興隆する江戸時代半ばまでは、神道界において強い影響力を保持したのであった(35)。

さて、江戸時代中期になると、「日本の文献によって、日本独自の思想や精神を考究」する人々が現れるようになった。その学問は「日本の史書や古典文学を精密な文献考証によって客観的に研究しよう」という、いわゆる国学である。国学者は「神道も研究の対象とし、『古事記』『日本書紀』を古書に即して学び、仏教・儒教・道教などの外来思想（漢意《からごころ》）の影響を受ける以前の『古道《こどう》』を明らかにしようとした」。この国学を基礎とした神道を広い意味で復古神道と呼んでいるのである(36)。

国学者は荷田春満・賀茂真淵・本居宣長・平田篤胤らに代表されるのであるが、彼らの研究領域は神道にとどまることなく、語学・国史・国文・法制・考古学などと幅広かった。ここでは本居宣長・平田篤胤《あつたね》を扱うことにしたい(37)。

本居宣長の代表的な著作は、『古事記伝』であるが、その中でわが国を地上のどこよりも尊貴であるとして、「皇大御国《すめらおおみくに》」と名付けた。その理由としては、はじめは地上のあらゆる場所で誰もが日（日神の天照大御神を指す）の恩恵を感謝していたが、時代が下ると異国ではその恩恵よりも儒教や仏教といった教えを貴ぶようになった。そうした国では人の道から離れた考えや行いが現れ、世が乱れていった。それに対し、「わが国のみ神代から現在に至るまで変わらず、その恩恵を貴び感謝してきたので、異国のような人の道から離れた革命などに見られる世の乱れが起こらなかった」と主張した。

そして宣長はこうした日の恩恵を尊び感謝してきた古代人の生き方を古道あるいは「神の道」と呼んだ。「神の道」は伊耶那岐命《いざなきのみこと》・伊耶那美命《いざなみのみこと》から天照大御神へ伝わり、そしてその御子である歴代の天皇に伝えられてきたお陰で、現在も変わることなく、真の道として伝わっていると考えた。しかし、日本人といえども時代とともに「漢意」に惑わされて「神の道」を見失ってしまった。そこで、それを再び日本人に蘇らせることが、古学の目的であると説いたのだ。言い換えれば、見失われた「神の道」を再び甦らせるのが、古道であり国学である、ということである(38)。

宣長の生前は直接教えを請うことができなかったものの、没後の門人として正統的後継者となったのが、平田篤胤であった。古道方面における篤胤の代表作が幽冥界《ゆうめいかい》を論じた『霊《たま》の真柱《みはしら》』である。

まず、古学（古道）を学ぶ者は、何よりも大和心を固めなければならず、そのためには、死後の霊魂の行方を明らかにすることが根本であるとする。霊魂の鎮まりゆくところを知ろうとするならば、まず天地を天地たらしめて神の功徳《くどく》をよく知り、さらに日本が万国の本の国であり、万事において万国に優れた国である所以を知る必要がある。そして、顕明《あらわにごと》（目に見える世界）は天照大御神《あまてらすおおみかみ》の子孫である天皇が、幽冥《かみごと》（目に見えない世界）は須佐之男命《すさのおのみこと》の子孫である大国主神《おおくにぬしのかみ》が主宰するという真理を知らなければならず、俗に言うように死者の霊は地獄や極楽、黄泉国《よみのくに》に行くのではなく、大国主神が支配する幽冥界に行くことを明らかにした。

本居宣長は人が死ねば黄泉へ行くのだから、死ぬことは実に悲しいのだ、と考えたのだが、平田篤胤は人は生きては天皇が主宰する顕界（目に見える世界）の御民となり、死ねば大国主神が主宰する幽冥界（目に見えない世界）の神となって、おのおのの主宰者に仕えまつると考えた。しかも、その幽冥界は、決して他界ではなく、ただ目に見えないだけであるという。幽冥界から顕界が見え、そこから神は君や親そして子孫を見守っていると説いた。

篤胤は仏家神道、儒家神道、吉田神道を「俗神道」として退け、真の神道は古道であるとした。篤胤の神道説は復古神道の主流となり、幕末の思想界に大きな影響を与えたのである。[39]さて、明治時代以後はいわゆる「国家神道」が誕生した。国家神道とは「明治維新以降、天皇崇拝と神社神道（神社祭祀を中心に展開される神道）が組み合わさって、国家と強く結びついて発展した神道」といえる。[40]そして、国体論と国家神道の関係についていえば、国体論と国家神道とは必ずしも同じではない（「国体」という語は、中国の古典に由来しているが、「近代に入ると、『日本固有の、天皇中心の国のあり方』の意味」だとされる）。しかし、「両者に多分に重なり合うものがあったのは」確かであり、「明治維新以降の国家神道的な流れを集約し、神や神社ではなくあくまでも天皇を中心にまとめあげようとした神道的言説が、国体論だった」のである。[41]

戦後になると、ＧＨＱ（連合国軍総司令部）は日本政府に対して「神道指令」を出した。国家による神道への支援の禁止、神祇院の廃止、公教育からの神道教義の削除など、国家神道の廃止を命じたもので、第二項には「本指令の目的は宗教を国家より分離するにある」と記されている。そして、この指令は、国家から分離された神道を「神社神道」と呼び、神社神道は個人の宗教として存続することを認めた。敗戦をへて、神道は全面的な解体と出直しを迫られることになったのである(42)。

## 四　結　語

ここまで神道の歴史をたどってみたが、神道の行方はどうなるのであろうか。ただ、今後の神道の行方を論じる前に、明治時代の神仏分離令などによって新しい神道が出来上がってきたことを明らかにしたい。

まずは、皇室の「お黒戸」が宮中に存在したことである。江戸時代の皇室は神道だけでなく、仏教の信仰も実践されており、宮中には「お黒戸」と呼ばれる仏間があった。そこでは歴代の天皇や皇后の位牌が祀られていた。天皇家の菩提寺は京都の泉涌寺で、天皇や皇族が亡くなった時には泉涌寺の僧侶たちが葬儀を行っていた。天皇は間違いなく仏教を信仰していたのである(43)。

明治になって、このお黒戸は宮中から追いやられ、泉涌寺に移されることになる。そして、宮中には、新たに賢所《かしこところ》、皇霊殿《こうれいでん》、神殿からなる「宮中三殿」が設置され、そこでは天皇を中心として祭祀が営まれるようになったのである。天皇は、明治以降、宮中祭祀を司ることを重要な役目としている。

しかし、宮中三殿自体、天皇が京都にいた時代には、京都御所の中になかったものであった。古代からの伝統をもつようにも見える宮中三殿の歴史は浅く、明治の新たな神社制度の賜物なのだった。宮中三殿で執り行われた宮中祭祀の多くは、明治以降に制定された祭典だったのである。

明治以前の宮中祭祀と明治以降の宮中祭祀を比べてみるとはっきりとした違いがある。それは天皇家の祖先を祀る祭祀や、紀元節のような日本の国の始まりに関わるような国家的な祭祀が含まれるようになったことである。そこには、天皇家の祖霊を神格化し、天皇自身をそれにつらなる現人神として信仰の対象にしようとする意図が働いていた。日本の歴史を振り返ってみると、お黒戸の移設や宮中三殿の祭祀も、ともに伝統的なものではなく、まったく新しいものだった。(44)

次に初詣である。先述したように、じつは初詣は二〇世紀の近代的な習俗なのである。「江戸時代は元日に出歩かず、『恵方』（縁起のよい方角）から来る神を家で静かに迎える地方が多かった。『初寅《はつとら》』など、各寺社の祭日に参拝する習慣もあった」のである。それに対して「宮中には、天皇が元日に神々に五穀豊穣と天下太平を祈る『四方拝』という神事があった。明治維新以降、まず、官公庁や学校がこれに連動して元日に儀式を行うようになる。恵方参りも元日に行く人が増える。……こうして、国家神道で高く格付けされた『官幣社』に参詣者が集中、元旦の『初詣で』が一般化した」のである。(45)

すなわち、江戸の正月元日は、「家にこもって、やってくる歳徳神を、家の歳棚で迎えるのが基本であった」。つまり、「近世の正月は家の中で静かに、恵方からやってくる歳徳神を迎えるものだった」のである。しかし、それが変化してゆくのである。「近世朝廷にあった正月元日の特別の意味が、明治二〇年代に宮中の新年拝賀と連動した、官公庁への拝賀と学校教育の新年節を媒介として社会に浸透してゆく。かくして正月元日に官国幣社を中心とする神社へ出向き祈る、初詣が成立する」のである。そして「この初詣が都市から農村をも含む社会全般へと広まり、国民的な神道儀礼となってゆくのである(46)」。

おおまかな流れにおいては、二〇世紀になって初めて「家で歳徳神を迎える正月から、外に出向き神仏に詣でる正月へ」と変化しているのであり、初詣はまさに「近代に創出された神道儀礼」なのである(47)。

第三は拍手である。「現在の感覚では、二礼二拍手一礼が昔からの神社の伝統であるかのようにとらえられているかもしれない。だがそれは、明治になって行われるようになった新しい作法であり、それ以前は合掌するだけだった。それは、現在の私たちが仏教の寺院を訪れ、本尊などを拝むときに行うやり方と変わらない」。神仏習合の時代であったゆえにそれは当然のことである。「神と仏、神社と寺院を区別することができない時代には、神道式の拝礼と仏教式の拝礼が区別されることはなく、合掌が基本だったのである(48)」。

つまり、昔の神社や寺院を参詣する人々は「皆、合掌している。神社の社殿の前であろうと、寺や仏堂の前だろうと、まったく同じで、拍手を打っているような人の姿はまったく見かけない」のであった。そして、「今日神社での正式な参拝の仕方とされているものは、明治になってから定められたものだ。したがって、近世までは、拍手を打つやり方は存在しなかった。……（中略）……今のやり方は、……（中略）……比較的新しいものなのだ」[49]。

第四は、神仏分離政策における社号と祭神の変更である。たとえば、寺社と神社が結合していた京都の祇園社は、八坂郷にあったことから八坂神社と改称された。「祇園」が「祇園精舎」にちなんだ仏教的な名称だったので、改められたのである。祭神は牛頭天王から素戔嗚尊に改められた。また、江島弁天（江島明神）は江戸時代には与願寺とも称し、弁財天像を本尊兼ご神体としていた。しかし、神仏分離令で江島神社と改称し、三重塔などの仏教施設は破壊され、祭神は宗像三女神（田心姫神《たごりひめのかみ》・湍津《たぎつ》姫神《ひめのかみ》・市杵島姫神《いちきしまひめのかみ》）に改められた。琵琶湖の竹生島《ちくぶしま》弁天は都久夫須麻《つくぶすま》神社と改称され、祭神は宗像三女神と定められた。このように、全国の弁天社には明治維新の神仏分離令によって宗像神を祀る神社に姿を変えたところが多い。

この他にも、地方の小さな神社は、仏像をご神体として、山の神、地主神などを祀る民俗信仰的な神社が多かったが、山の神→大山祇神《おおやまつみのかみ》、地主神→大国主神《おおくにぬしのかみ》・少彦名神《すくなひこなのかみ》といったふうに祭神が改められ、仏像は撤去されて新たなご神体が指定された。このように神仏分離に伴う神社の祭神の変更は、建前は神仏習合前の祭神に戻すという形だったが、現実に行われたのは、記紀神話や『延喜式』「神名帳」によって権威づけられた特定の神々に信仰対象を転換するという作業だった。そして、今日の神社の多くは、明治の神仏分離によって祭神が変更されていて、現行の社号や祭神としての歴史は、浅いのである[50]。

以上のように、「『伝統』と言われるものはかなり怪しい」のであり、「日本人の神とのかかわり方は、明治に入った時点で、根本的な変化を被ったと言うことができる」のである。[51]明治以降の神道はそれ以前の神道（神仏習合）とはかなり異なったものであるといえる。そして、その歴史の浅い明治以降の神道が徐々に衰退しつつあるといえるのである。

そこで、最近の一般の神社の年収がどうなっているかを見ておきたい。資料として、二〇一六年に公刊された神社本庁編『「神社・神職に関する実態調査」報告書』が存在する。それによると、年収が三〇〇万円未満以下の神社が六一・一八パーセント、三〇〇万円以上一〇〇〇万円未満が一八・四パーセント、そして一〇〇〇万円以上が一六・二パーセントである。次に宮司本人の年収はどうかというと、三〇〇万円未満が六〇・四一パーセントで五〇〇万円未満とすると七九・一パーセントである。ようするに、ほとんどの神社の収入はつつましいものであり、それが一般的な神社のおかれた状況なのである。

そもそも、神社の神職は戦前は官吏（国家公務員）だった。神職が官職だったので、戦前は「神官」とも呼ばれていた。しかし、戦後GHQが発した「神道指令」によって、神職を官吏として待遇することができなくなった。これに加えて「農地改革」によって、地主が小作農に貸し出していた農地が買収され、小作人にただ同然で売り渡されたのだが、神社も小作地を奪われたのである。

ただし、小作地を奪われたのは地方の農業地帯にある神社だけである。都会の神社にはもともと小作地がなかった。したがって、都市にある神社と地方にある神社の間に格差が生まれた。ただ、都会の神社でも、経済的に苦しくなり、境内地にマンションを建てることで、その危機を乗り越えようとしていくところもある。都会の神社でもこうした事態に陥っているわけだが、地方の場合、神社を維持するための方策をまったく見出だせないのである。地方の神社は消滅の危機を迎えているといえる。[52]

もちろん、神社の衰退が神道の崩壊を意味しているわけではない。しかしながら、本章の「はじめに」で見たように、神道系と仏教系ともに宗教法人の三分の一以上が消滅する可能性があるのである。神道系であれ、あるいは仏教系であれ、宗教法人数がゆっくりと衰微してゆくことは疑いがないであろう。

**注**

（1）一日葬なび　一日葬（http://www.1-sogi.com/about.html）。
（2）初詣人出ランキング―初詣特集二〇一九（https://sp.jorudan.co.jp/newyear/rank_visitor.html）。
（3）小川寛大「神主は食べていけない」ＡＥＲＡ、2017.1.16, No.3、一七頁。
（4）朝日新聞「寺社の未来は――宗教法人3分の1消滅する可能性」二〇一六年一月一六日土曜日。
（5）岡田莊司（編）『日本神道史』吉川弘文館、二〇一〇年、一四―一七頁。
（6）三橋健（監修）『神道に秘められた日本史の謎』洋泉社、二〇一五年、二一頁。
（7）三橋健（監修）『神道に秘められた日本史の謎』一七―一九頁。
（8）武光誠『神道――日本が誇る「仕組み」』朝日新聞出版、二〇一四年、二三―二四頁。
（9）M・テーウェン「神道と神道《しんとう》の成立についての比較考察」『日本思想史研究』第42号、二〇一〇年、三頁。
（10）M・テーウェン「神祇、神道、そして神道――〈神道〉の概念史を探る」『文学』9-2、二〇〇八年、二四九頁。
（11）M・テーウェン「神祇、神道、そして神道――〈神道〉の概念史を探る」二五四頁。

(12) 井上寛司『「神道」の虚像と実像』講談社、二〇一一年、一七頁、六三頁、及び伊藤聡『神道とは何か』中央公論新社、二〇一二年、二八二頁。
(13) 伊藤聡『神道とは何か』二八三頁。
(14) 逵《つじ》日出夫『八幡神と神仏習合』講談社、二〇〇七年、五一頁、及び義江彰夫『神仏習合』岩波書店、一九九六年、六頁、及び逵日出典『神仏習合』六興出版、一九八六年、五〇頁。
(15) 逵日出典『八幡神と神仏習合』四三頁、及び義江彰夫『神仏習合』、一二頁、一四頁。
(16) 逵日出典『神仏習合』五三頁。
(17) 逵日出典『神仏習合』五八―五九頁、及び逵日出典『八幡神と神仏習合』五一頁。
(18) 逵日出典『神仏習合』八三頁。
(19) 義江彰夫『神仏習合』二六―二七頁。
(20) 逵日出典『神仏習合』九七頁、及び義江彰夫『神仏習合』一六七頁。
(21) 義江彰夫『神仏習合』一六九頁。
(22) 逵日出典『神仏習合』一〇九頁。
(23) 逵日出典『神仏習合』一七三頁。
(24) 逵日出典『神仏習合』一八四頁。
(25) 新谷尚紀（監修）『神社に秘められた日本史の謎』洋泉社、二〇一五年、八三頁。
(26) 社僧とは　コトバンク（https://kotobank.jp/word/%E7%A4%BE%E5%83%A7-76024）。
(27) 新谷尚紀（監修）『神社に秘められた日本史の謎』一一六―一一七頁。
(28) 初詣人出ランキング―初詣特集二〇一九（https://sp.jorudan.co.jp/newyear/rank_visitor.html）。
(29) じつは、現在でも神宮寺は存在しているのである（ウィキペディアによると日本に五〇か所以上ある）。その代表的なものの一つが若狭神宮寺である。逵日出典『八幡神と神仏習合』五五―五七頁。
(30) 逵日出典『神仏習合』一八三頁。

(31)三橋健（監修）『神道に秘められた日本史の謎』一一〇頁、及び揖斐高『江戸幕府と儒学者』中央公論新社、二〇一四年、七〇―七一頁。
(32)三橋健（監修）『神道に秘められた日本史の謎』一一二―一一三頁、及び鈴木健一『林羅山』ミネルヴァ書房、二〇一二年、一四六―一四七頁。
(33)三橋健（監修）『神道に秘められた日本史の謎』一一九―一二〇頁、及び岡田莊司（編）『日本神道史』二〇六頁、及びT・カスーリス『神道』筑摩書房、二〇一四年、一八〇頁、及び小島毅『朱子学と陽明学』筑摩書房、二〇一三年、七四頁。
(34)三橋健（監修）『神道に秘められた日本史の謎』一二〇頁。
(35)岡田莊司（編）『日本神道史』二〇七頁、及び三橋健（監修）『神道に秘められた日本史の謎』一二一頁。
(36)三橋健（監修）『神道に秘められた日本史の謎』一三〇頁。
(37)岡田莊司（編）『日本神道史』二〇八―二〇九頁。
(38)岡田莊司（編）『日本神道史』二二二―二二三頁、及び三橋健（監修）『神道に秘められた日本史の謎』一三三頁。
(39)岡田莊司（編）『日本神道史』二二五頁、及び三橋健（監修）『神道に秘められた日本史の謎』一三六―一三七頁。
(40)三橋健（監修）『神道に秘められた日本史の謎』一五八頁。明治維新後、神道の国教化が進んだが、その場合の「神道」とは、皇祖神アマテラスと天皇への崇敬を核にしたものだった。アマテラスを祀る伊勢神宮を頂点として、全国のあらゆる神社をピラミッド型に再編するシステムが目差されたのである。しかしながら、アマテラス崇敬を必要としない信仰集団も深く根を下ろしていた。
　明治九年には、神道黒住派（後の黒住教）と神道修成派が神道事務局から独立した。こうして生まれた神道宗派を「教派神道」と呼ぶ。これは国家公認の非アマテラス系神道集団である。その後も、神道系教団の独立は行われ、明治四十一年には天理教も認可を得て、全部で十三派の教派神道が誕生した。すなわち、黒住教、神道修成派、出雲大社教、扶桑教、実行教、神習教、神道大成教、御嶽教、神道大教、禊教、神理教、金光教、天理教の一三の教団である。

このように、神道は布教・教化を中心とした「宗教」、つまり教派神道と、天皇崇敬と神社祭祀を中心とする「非宗教」、すなわち神社神道（国家神道）、の二つに分離されたのである。

三橋健（監修）『神道に秘められた日本史の謎』一五二―一五五頁、及び島田裕巳『神道はなぜ教えがないのか』ＫＫベストセラーズ、二〇一三年、二〇二頁、及び新谷尚紀『神社に秘められた日本史の謎』一六二頁を参照。

(41) 三橋健（監修）『神道に秘められた日本史の謎』一七二―一七三頁。
(42) 三橋健（監修）『神道に秘められた日本史の謎』一八一頁。
(43) 島田裕巳『神道はなぜ教えがないのか』一八九頁、及び島田裕巳『神も仏も大好きな日本人』筑摩書房、二〇一一年、一九六頁。
(44) 島田裕巳『神道はなぜ教えがないのか』一八九頁、及び島田裕巳『神も仏も大好きな日本人』一九三―一九四頁、及び新谷尚紀（監修）『神社に秘められた日本史の謎』一五八―一五九頁。
(45) 朝日新聞「ニッポンの面　其の壱」二〇〇八年一月六日。
(46) 高木博志『近代天皇制の文化史的研究――天皇就任儀礼・年中行事・文化財』校倉書房、一九九七年、二五三頁、二五七頁。
(47) 高木博志『近代天皇制の文化史的研究――天皇就任儀礼・年中行事・文化財』二五四頁。
(48) 島田裕巳『「日本人の神」入門』講談社、二〇一六年、二三四―二三五頁。
(49) 島田裕巳『神も仏も大好きな日本人』筑摩書房、二〇一一年、一八七頁。
(50) 新谷尚紀（監修）『神社に秘められた日本史の謎』一五二―一五五頁。なお、明治維新によるその他の社名・祭神の変更事例としては、仁王護国寺［宮崎］↓鵜戸神社、鵜戸山権現↓ウガヤフキアエズ命、大山寺［鳥取］↓大神山神社奥宮、智明権現↓大己貴神、金毘羅大権現［香川］↓金刀羅宮宮、金比羅大権現↓大物主神、祇園感神院［京都］↓八坂神社、牛頭天王↓素戔嗚尊、妙楽寺［奈良］↓談山神社、談山大明神↓藤原鎌足、金精明神［奈良］↓金峯神社、金精明神・蔵王権現↓金山昆古神、白山本宮［加賀］↓白山比咩神社、白山妙理権現↓菊理媛尊・伊弉諾尊・伊弉冉尊などがある。新谷尚紀（監修）『神社に秘められた日本史の謎』一五三頁を参照。

（51）島田裕巳『神も仏も大好きな日本人』一八八頁、及び島田裕巳『「日本人の神」入門』二三五頁。

（52）島田裕巳『神社崩壊』新潮社、二〇一八年、六三―八〇頁。

# 第三章　イスラム教と現在

## はじめに

イスラム教と現在に関する事柄について考察してみたい。まず、宗教人口を見てみよう。『ブリタニカ国際年鑑』の二〇二三年版によると、キリスト教の信者は二四億五〇〇〇万人であるが、それに次ぐイスラム教の信者が一七億五〇〇〇万人である。それらに続いて、インドのヒンドゥー教の信者が一〇億二〇〇〇万人、仏教の信者が五億二〇〇〇万人、中国の民間宗教の信者が四億四〇〇〇万人といった具合であるが、ともかくイスラム教は宗教人口でみるとキリスト教の三二・九%について二三・六%であるといえる。そして、二一世紀内にイスラム教徒の数はキリスト教徒を上回ると考えられている(1)。

このように、今世紀中にはイスラム教徒は世界一の宗教人口を保持する予定なのであるが、日本人にとってイスラム教徒はいまだ馴染みがない。ユダヤ教、キリスト教、イスラム教が一神教の宗教であることは確かであるが、多神教の日本人にとって一神教は受け入れにくいように思われる。とはいえ、今後、グローバルな地球社会において宗教人口が世界最大になるであろうイスラム教と日本とが、よりいっそう密接な関係をつくり上げてゆくことも否定はできない。

なるほど、ヒジャブを被った女性、豚やお酒の原則飲食禁止、一年に一度の断食月、一日五回あるいは三回の礼拝、メッカへの大巡礼（ハッジ）などなど、イスラム教には日本人にはいささか理解が困難な習俗がある。しかしながら、イスラム教の人々と日本人との間で「すべてを受け止めたり分かりあったりすることができなくても、しかるべきコミュニケーションをとっていれば、お付き合いは」できるだろう。つまり、お互いに「知ることと、分かることとは別の問題」なのである。[2]また、世界で最も多くの宗教人口を持つことになるであろうイスラム教を眼前にした時、「日本人もイスラム教について大いに関心をもたなければ」ならず、「イスラム教について知らなければ、世界を理解できないということにもなってきて」いるのである。[3]

したがって、とりあえず、一般の日本人はイスラム教をまずは純粋に「知ること」から開始する必要がある、といえよう。

## 一　六信五行について

イスラム教は、スンニ派とシーア派という二つの分派に分かれているのだが、イスラム教スンニ派では、教えの基礎として信仰対象と信仰行為を六信五行にまとめている。

まず信仰対象としての六信からいうと、第一のものはアッラー（神）である。「アッラーは、全世界、全宇宙を創造して、それを統べ治める唯一の神」であり、「全世界に対して、絶対的な権能をただひとり持つ神」である。そして、「今現在も、一瞬一瞬、全宇宙のすべてを見ていて、知っている神」であり、「また、生前の人間の行為を裁く、最後の審判の主宰者でも」ある。(4)

第二は天使である。天使は「アッラーの被造物の一種で、光から成る、知性を持った存在」である。「彼らは男性でも女性でもなく、飲食をせず、罪を犯すことが」ないとされる。クルアーンには多く天使が登場するが、頻出するのはジブリールだけである。そして、この天使ジブリールの役割が極めて重要で、「神は直接人間の前に現れることは」なく、「その代わりに、天使が神の使いとして人間の前に現れる」のである。つまり、「この天使が預言者ムハンマドの前に現れ、神のメッセージを伝えた」ことが重要である。(5)

第三は啓典である。「啓典とは、預言者ムハンマドに天使ジブリールを通して伝えられた神のメッセージのこと」で、つまりはクルアーンのことである。あるいは、「イスラームにおける啓典とは、単

に神の言葉であるだけでなく、神から預言者に天使ジブリールを介して授けられた書物」である。(6)

第四は使徒である。「預言者は、アッラーから啓示を受けた者全員を」いうのであるが、「その中で、啓典を与えられた者は一部」である。「預言者のうち、啓典を携えて、人々にアッラーの教えを伝えるよう派遣された者を特に『使徒』」と呼ぶ。つまり、預言者の中の一部の者が使徒ということである。しかしながら、「名のある預言者は全て事実上使徒であるため、実際には預言者と使徒の語は互換的に使われ」る。そして「定冠詞をつけて『使徒』あるいは『アッラーの使徒』と言った場合にはムハンマドを」指すのである。

要するに、「使徒とはムハンマドのこと」である。「ムハンマドは、イスラム教においては最後の預言者と位置づけられて」いるのである。そして、「ムハンマドがはじめて正しく神のメッセージを理解したと考えられて」おり、「最後のということは、ムハンマド以降、ふたたび、預言者が現れることはない」といわれている。(7)

第五は来世である。来世とは「死後の世界、永遠の来世のこと」で、「アッラーによる審判や、その後の楽園や火獄での生のこと」をいう。つまり、「来世とは、天国や地獄のことを指し」ており、ユダヤ教やキリスト教の影響を受けている「イスラム教では、『最後の審判』が起こるということを前提に」している。「最後の審判が訪れると、神によって裁きが行われ、正しい行いをしてきた者は天国に、悪い行いをしてきた者は地獄に送られる」のである。すなわち、一度復活させられた人間は、「生前の所業が漏れなく記された帳簿を渡され、善悪が天秤にかけて量られて清算され、善が重かった者は楽

園に入り、悪が重かった者は火獄に落とされ」る、ということである。(8)

第六は天命（定命）である。「天命とはアッラーによる定めのこと」である。「この世界に起こるありとあらゆることは、塵ひとつの動きでも、アッラーの定めによるということ」である。言い換えると、天命とは「人間の運命はすべて神によって定められているということを」意味している。神は全知全能であるがゆえに、人間の運命をあらかじめ決めてしまったのである。「ただ、人間の側には、神が自分に対してどういう運命を定めたのか、それを知ることは」できない。だから「起こったことはすべて神の意思であると考えるしか」ないのである。人間にはまったく主体性がなくなってしまうのだが、「神にすべてを委ねていればいいわけ」なので「安心して生きることができる」ともいえる。(9)

次は五行についてである。六信が「心の中でそれが事実であると認め、承認すべきこと」であるのに対し、五行とは「体で行う行為」である。つまり、五行とは「イスラム教徒が実践しなければならない五つの行動、振る舞い」ということであり、イスラム教徒の信仰行為ともいえるものである。(10)

その第一は信仰告白である。イスラム教にはキリスト教のような洗礼式があるわけではないが、ムスリムであることを示す言葉がある。それがアラビア語の「アシュハド・アッラー・イラーハ・イッラッラー。ワアシュハド・アンナ・ムハンマダン・ラスールッラー」（アッラーの他に神はないと私は証言する。そして私はムハンマドがアッラーの遣いであると証言する）という言葉である。これを二名以上のイスラム教徒の前で言えばその人はムスリムと認められるのである。(11)

第二は礼拝である。礼拝とは「一日五回の義務の礼拝のこと」である。ただし、方角と時間が重要である。まず、礼拝は「世界中のどこにいようと、メッカの方角の向かって行わなければ」ならない。モスクに行けばメッカの方角がはっきりと示されている。もう一つは時間が決まっていることである。それは以下のようになっている。ファジュル＝明け方から日の出までのあいだ　ズフル＝正午から昼すぎまでのあいだ　アスル＝昼すぎから日没までのあいだ　マグリブ＝日没直後　イシャー＝就寝前である。今では「インターネット上に地域別の礼拝の時間が掲載されて」いるので「信者はそれに従えば」いいということである。なお、礼拝には五回の日課に加えて、さらに「金曜日の集合礼拝、二大祭（犠牲祭、ラマダーン月の斎戒明けの祭り）の礼拝、蝕の礼拝、雨乞い礼拝、葬儀の礼拝」がある(12)。

第三は喜捨である。「喜捨とは、所有している財産の一定の割合を貧者に施す」ことをいう。ただ、「イスラム教では義務の喜捨と任意の喜捨が区別されて」いる。「前者はザカートと呼ばれ、後者はサダカと呼ばれ区別され」ている。つまり、前者は「定めの喜捨（ザカート）といって、自分が上げた収益のなかから一定の率を差し出すこと」をいうのである。「税金のようなものだが、あくまで儲けの一部を『神に』差し出す」のである。「ザカートはあくまで喜捨であるから、集まった金や穀物、家畜などは、貧しい人たち、弱い立場にある人たち」に与えられる。

後者のサダカは「自発的な喜捨」である。「こちらは財を差し出してもいいし、食事を提供したり、さまざまな『親切』をすることでもいい」のである。「ザカートのほうは、一度、政府や諸機関などに差し出されたものが弱者に配分させるが、サダカは直接、相手に対して行う」ので、「身近に感じる親切は、サダカとしての行為」なのである。「サダカが財産の施しに限らず、善い行いの全てがサダカである」ことを示している[13]。

第四は斎戒（＝断食）である。斎戒は「イスラーム暦のラマダーン月の日中のあいだ、断食をする」こととされる。ラマダーン月のあいだ、「日の出から日没のあいだ、食事をとらないというのが、イスラム教の断食」になるのである。その場合、「食べないというだけではなく、水も飲」まず、「喫煙や性交も」しないのである。ただ、「妊婦や病人、旅行者は断食を免除され」る。つまり、「老人や慢性病者は斎戒を免じられる代わりに一日につき一人の貧者に食べ物を施」せばよく、また、旅行者、病人、妊婦などは「ラマダーン月の斎戒を解き、解いた日数分の斎戒を後で行」えばよいのである。

誤解を生じやすいのだが、イスラムの断食は「あらゆる欲望を断つこと」をいうのである。「イスラム暦の九月にあたるラマダン月のあいだ、日の出から日の入りまで、食欲、性欲、そのほかの欲望を断つことを求められる」のである。もう一つの誤解は、イスラム教徒がラマダン月をことのほか楽しみにしているということを知らないことである。「ラマダン月の善行には神からの褒美が倍加されるから、むしろ一月のあいだ、日が暮れるたびに禁欲が守れたことを神に感謝する」のである[14]。

第五は巡礼である。巡礼とは「一生に最低一度、行ける人は」メッカに巡礼にゆくことを意味する。しかし、イスラム教徒ならば誰でも行けるわけではない。先に述べたように、イスラム教徒が現在一七億五〇〇〇万人いると考えられる。しかし、実際に巡礼できる人間の数は二五〇万人程度に制限されている。よって、イスラム教徒全員が生涯をかけても訪れることはできない。「巡礼を果たすことはとても名誉なことと」考えられているのである。メッカへの巡礼は確かに義務なのだが、「行かれなかった、あるいは行かなかったからといって、ムスリムとして信仰が薄いとか、あまり敬虔ではないというような評価は」しないのである。[15]

以上がスンニ派の六信五行である。一方、シーア派（十二イマーム派）の基本教義は以下のとおりである。（1）神の唯一性、（2）神の正義、（3）預言者職、（4）イマーマ（預言者の後継者の指導権）、（5）来世の五信と、（1）礼拝、（2）浄財、（3）ラマダーン月の斎戒、（4）巡礼、（5）ジハード、（6）五分の一税、（7）善の命令、（8）悪の禁止、（9）（神と預言者とイマームの味方への）友誼、（10）（神と預言者とイマームの敵との）絶縁の十行、である。[16] つまり、シーア派（十二イマーム派）では基本教義は、五信十行なのである。

## 二　スンニ派とシーア派について

宗教人口でいえば、スンニ派が九割から八割、シーア派が二割から一割という割合である。ただ、「中東だけを取ってみれば、シーア派の割合はもっと高く、『少数派』というイメージではないところが多い」のである。つまり、「イスラーム世界全体でのスンニ派とシーア派の比率を見てしまうと、人口の多いインドネシアやマレーシアにほとんどシーア派がおらず、インド亜大陸にもそれほど多くないということから、スンニ派が圧倒的多数で、シーア派は……マイノリティであるという印象を持ちかねない」のであるが、「中東、特にイランやイラクなどのペルシア湾岸一帯やレバノンではスンニ派とシーア派の人口は拮抗しており、国によってはイランのようにシーア派が絶対多数であったりもする」ことを知っておく必要がある。つまり、スンニ派が多数派でシーア派が少数派だと記す研究者もいるのだが、「現在では、シーア派を少数派として軽視することはできなく」なっているのである。(17)

また、「シーア派はイスラーム教の『異端』」なのではないか、という言説もある。しかし、「スンニ派とシーア派も、基本的な教義を同じくし、正しい教義の根拠とする典拠のテキストを同じくして」おり、両派とも「唯一神アッラーを信じ、ムハンマド（西暦五七〇年頃〜六三二年）を神の使徒と信じているということに相違はない」のである（ただ、「教義のテキストの一部には相違があり、それは預言者ムハンマドの発言や行動を記録したハディースの一部において」である）。「中東では、シーア派は社会的・政治的な実態であり、しばしばスンニ派と拮抗し、時に上回る。『異端』として排除することは、ほぼ不可能な存在で」あることは確かである。(18)

スンニ派とシーア派とが分裂した経緯は何かといえば、ムハンマドの後継者問題に関わる紛争である。スンニ派の立場は「預言者ムハンマドの死後に、歴史上に実際に行われた権力継承の過程も、全面的に肯定する」というものである。一方、シーア派は「イスラーム史の初期の段階、特にイスラーム教団国家の権力継承の過程を、あってはならなかった不正義であり、権力の簒奪であったと」する。そして「本来ならあるべきだった特定の権力継承の規範を掲げ、この規範に基づいて権力の継承者となるはずであったある特定の血統の人たちに、特別な権威、あるいは超越的な宗教的な能力があったものと信じる」のである。[19]

実際には、ムハンマドの死後、教団の有力者たちが合議して、教団の権力の継承者を決めたのである。『四代正統カリフ』として世界史の教科書に載っている、アブー・バクル、ウマル、ウスマーン、アリーの四名へと、ムハンマドの死の直後にイスラーム教団の権力は継承されて」いったのである。スンニ派はこれを正統であると認めるのである。

しかしながら、シーア派はこの時代の実際の権力継承を正統だと認めない。「シーア派は四代正統カリフのうち、最初の三代を認めない。ましてや、アリーの死後にウマイヤ朝やアッバース朝が世襲王朝によって支配していったことも正統として認めない」のである。シーア派はムハンマドの死後、「アリーが後継者の地位に就くべきであったと信じる」のであり、「これをイマームと呼ぶ」。イマームは「カリフの権限や地位も兼ねているが、それ以上の宗教的な能力があったものと信じる」のである。さらに、「アリーの後はその息子のハサンとフサインがイマームの地位を継いだと信じる」のである。このように「シーア派にとって『あるべきだった』歴史の展開は、預言者ムハンマドの死後すぐにアリーに政治権力と宗教権威が継承され、その後はアリーの血統に受け継がれて、『イマーム（指導者）』としてイスラーム世界を統治するというもの」だったのである。

結局、「スンニ派は実際に行われた、実効支配の力を持つ有力者への権力継承を正統と認めるのに対して、シーア派は、実際には行われなかった、ムハンマドの直系の血統への『あるべきだった』権力の継承の正統性を信じている」ということになる。[20]

さて、こうしたスンニ派とシーア派の宗派抗争は比較的最近起こっているのである。一九七九年に起きたイラン・イスラーム革命がその端緒である。「近代化・西洋化の政策を推し進めたパフラヴィー（パーレビ）朝を打倒し、シーア派独自の理念による政治体制を樹立化した」イラン革命である。イラン革命はその発端においてはシャー（古代ペルシアの「大王」の呼称）の専制に対する自由主義な反対運動や民主主義運動の性質を持ち、イラン共産党など左翼勢力も先端的な役割を果たした。しかし、「革命に正統性と理念を与えたのは、イスラーム主義勢力だった。イスラーム統治体制という新たな体制理念を提示した」のであった[21]。

スンニ派とシーア派にはある種の棲み分けが存在しており、数世紀にわたって争いが表面化することはなかった。二〇世紀のイスラーム世界の対立軸は、ワッハーブ派を中心とするサラフィー主義（クルアーンとハディース以外の権威を認めない原典直解主義者で、シーア派やスーフィズムを攻撃する）とスンニ派伝統主義者との間、すなわちムスリムの絶対多数を占めるスンニ派内部の対立にあった。しかし、二一世紀に入ると対立軸はスンニ派内部対立からスンニ派とシーア派の宗教間対立にシフトしたのである。「イラン・イスラーム革命によってシーア派が力をつけ、イラク戦争後、イラクにシーア派政権ができたことで、シーア派の勢いが着実に増し」たのである。そして、エジプトやインドネシアのように従来シーア派がほとんど存在しなかった国々でも、スンニ派住民がシーア派に改宗することで、シーア派が存在を主張し始めて、流血の争いにまで発展している。つまり、「シーア派の勢力伸長が、今日のイスラーム世界の混乱を招いて」いるのである[22]。

## 三　ハラール産業——食品を中心にして——

次に、近年話題になっているハラール認証（とくに食品）について述べてみたい。まず、ハラールとは何かということから見ていきたい。「『ハラール』とは『イスラームにおいて許されている物事、イスラーム法に照らして合法的な物事』」を指している。それに対して、「禁じられている物事、不法な物事」をハラームと呼ぶ（たとえば、婚姻外の性行為、泥棒、利息を取って金を貸すこと、豚肉や血や邪神への捧げものを食べること、など）。

シャリーア（イスラム法）において、行為は五つに分類される。やらなくてはならないもの＝義務、やった方がいいもの＝推奨、やってもやらなくてもかまわないもの＝許可、やらない方がいいもの＝忌避、やってはならないもの＝禁止、である。そして、この行為の五分類の中で、義務、推奨、許可、忌避の四つは、基本的に禁じられていないので、すべてハラールである。非合法なものは禁止だけであり、それがハラームとなる。ただし、ハラールとハラームの間には微妙な物事、どちらかわからない物事が生起しうる。このような「疑わしい物事」を「シュブハ」という。つまり、合法的であるかどうか疑わしく、避けたほうがよい物事はシュブハとされるのである。[23]

ハラール／ハラームの区別は日常の諸行為すべてにみられるのである。そして、何がハラールかを決めるのは神のみである。具体的には、聖典『クルアーン』とムハンマドの言行録である『ハディース』、さらに、法学者が議論をして、その上で合意した事柄であるイジュマー（合意）とそうした合意が成立していない事柄を意味するキヤース（類推）という四つの法源がある。そして、「キヤースよりもイジュマーが、イジュマーよりもハディースが、そしてハディースよりも」クルアーンが優先されるのである[24]。

禁忌の理由であるが、神が定めたものだから禁じられているのであって、禁忌の理由は従うほかはない、ということである[25]。

食品についてハラールなものは、まず、神が禁じたもの以外は、すべてハラールであるということである。植物性のもの、卵、ミルク、ハチミツは基本的にハラールである。動物性のものについては、四足動物や鳥でムスリムが正しく屠畜したものはハラールである。シーフードとイナゴもハラールであるが、宗派・法学派によって許されている水性動物の解釈が異なっている。

一方、ハラームなものとしては、豚肉、流れる血、死肉、異神に捧げられた動物、及び、毒、中毒性のあるもの、害虫・害獣、牙のある獰猛な動物、鉤爪のある鳥、飼い慣らされたロバ、酒が挙げられる[26]。

具体的に、いくつかの食材について見てみよう。まず、豚肉であるが、絶対に食べてはいけないというわけではない。生命の危機に瀕していれば食べてもいいし、中国の回族ムスリムの一部やパキスタンの山岳地方の一部のムスリムに豚肉を食べる習慣があるようである[27]。ただ、イスラム教徒が大半を占めている国では、そもそも豚を飼っていないのである。つまり、「豚は穢いという考え方が最初にあって、子供の頃からそれを植えつけられてしまって」いるのである。「イスラム教徒が大半を占める国に生まれた人間であれば、豚を穢いと考え、豚肉を食べたこともない」のであり、「イスラム教徒は豚肉を『食べない』のではない。『食べられない』」のである[28]。

次に酒であるが、「豚肉と酒では違いがある」。イスラム教徒の多くは豚を穢いものと考え、嫌悪感を持っているが、酒はそうではない。ゆえに、トルコ社会のように禁酒が徹底されていないところもある。そもそも、「イスラム教の初期の段階では、酒は禁じられていなかった」のである。そして、酔って礼拝に行くことが禁じられ、酒を飲むことは禁じられなかったという啓示もあるが、次第に飲酒は悪魔の行いとして禁じられるようになった。飲酒により、「酔っ払うことで問題が起こるため、徐々に禁止されていった」のである[29]。

三つ目はシーフードである。イスラム教はスンニ派とシーア派の宗派に分けられるのだが、さらにそれぞれの宗派にいくつも法学派がある。スンニ派の四大学派は、ハナフィー学派、マーリク学派、シャーフィイー学派、ハンバル学派である。この宗派や法学派によってハラール／ハラームの考え方が異なる場合がある。とりわけ、水産物に対する判断である。鱗のある魚はどの宗派も法学派もハラールである。しかし、その他の魚介は宗派／法学派によって見解が異なる。たとえば、クジラ、ウナギ、エビ、イカ、タコ、貝などは意見が分かれるのである[30]。

さて、ハラール／ハラームの区別はイスラム発祥とともに存在するが、ハラール認証の歴史はそれほど古いものではない。ハラール認証に熱心なのは中東諸国よりも、マレーシア、インドネシア、シンガポールのように、多文化、多宗教を特徴とする東南アジア諸国である。マレーシアでは「一九八二年に首相府イスラーム問題局のもとで、『ムスリムの利用する食品、飲料、商品についての評価委員会』が設置されたこと」が始まりだという。インドネシアでは一九八八年にムスリムが所有する水田に大量の豚油脂が流出した事件がおき、これに対応して一九八九年にインドネシア・ウラマー評議会が「ハラール認証」を開始したという。シンガポールでは、シンガポール・イスラーム宗教評議会が一九七二年にハラール認証制度を開始したが、実際に初めて発行したのは、一九七八年からである。[31]

要するに、話題となっているハラール認証はおもに東南アジアから出てきている現代的問題として捉える必要がある。ハラール産業は食品以外に、医薬品、化粧品、衣料品などが挙げられるが、それらは一九七〇年代以降に生じているのである。すなわち、ハラール認証やハラール産業は「一九七〇年代以降、イスラーム世界各地で展開してきたイスラーム復興（再生）、イスラーム覚醒運動の潮流の延長線上でとらえるべきこと」なのである。[32]

## 四　イスラム銀行またはイスラム金融

イスラム銀行もしくはイスラム金融も近代以降に生じてきたものである。イスラム銀行は一九七〇年代に誕生し、一九八〇年代にイスラム世界の各地で創立ブームをむかえた。現代の世界経済の潮流としては、新しい領域といえるものである。商業銀行として「イスラム銀行」が最初に現れたのは、一九七五年のドバイ・イスラム銀行からである。そして、「『イスラム金融』が本格的な発展をするようになったのは九〇年代以降のこと」なのである。[33]

では、イスラム銀行もしくはイスラム金融とは何だろうか。イスラム金融とは「イスラムの教義に基づく金融」ということであり、その特徴として利子（リバー）を禁止すること、そしてその他、教義で禁止されている事柄に抵触しないことが挙げられる。具体的にいえば、①金銭の使用に際して利息を課すこと②契約中の不確実性③投機的な行為④豚肉、酒類、タバコ、武器、ポルノなどの使用やその取引、である。こうした禁止事項を踏まえた金融がイスラム金融なのだが、具体的な商品としては、イスラム金融方式の預金、貸出、保険、債券、株式指数、投資ファンドといった普通の金融に類するくらいの品揃えがある。[34]

とくに利子の禁止であるが、イスラム経済では、「公平性や公正の確保、所有権の尊重とその適正な運用、不労所得やそれに類する不当な経済活動の禁止、等価交換の原則など」が、その背後に存在する一般的な原理とみなされる。イスラム金融商品は単に利子を回避するのではなく、これらの原理に従って開発されるべきものと考えられている。[35]

なお、イスラム諸国は二〇世紀半ば以降に独立したため、西洋式の銀行が各地に広がっている。イスラム銀行が誕生した現在でも、一般の銀行のほうがイスラム諸国では主力である。イスラム金融のシェアは多くの場合数パーセントから一〇％台、多くても三割程度にすぎない。有利子銀行のほうがまだシェアが大きいのである。[36]

さて、イスラム金融の実際の事例を見てゆこう。これらは利子という概念をなくしたいくつかの方式を編み出し、活用しているとされる。まずは「ムラーバハ」であるが、これは、「銀行がお客さんの代わりに商品を購入して、その商品に一定のマージン（利益）をのせてお客さんに販売するという仕組み」になっている。この場合、「マージンが銀行の収益となる。お客さんは、銀行から自動車や機械などの商品を先に受け取って、後からお金を銀行に支払う」というものである。簡単にいえば自動車ローンとほぼ同じ仕組みであるといえよう。

銀行は自動車を購入し、顧客に割賦で販売する。顧客は銀行の資金によって自動車を手に入れ、銀行は自動車の仕入れ価格と販売価格の差額を利益として得て、誰にも利子を課することはない。「ムラーバハ」契約はイスラム金融の中で最も多く利用されている金融取引であり、現状ではイスラム金融全体の約七割を占めているといわれている。(37)

次に「イジャーラ」である。イジャーラとは「賃貸借契約」または「リース契約」を意味している。「具体的には、銀行がお客さんの代わりに製造業者から商品を購入して、その商品の所有権をもつ。そのうえで、商品をお客さんに一定期間リースするというもの」である。

これは「一言でいえば、銀行が自分の購入した商品をお客さんに貸し出すという仕組み」である。そして、「商品の買い手は銀行に対して商品のリース料（使用料）を分割で支払って」いくのである。「商品の買い手から受領したリース料の総額から、商品の製造メーカーに支払った代金を差し引いた部分が」、銀行の利益となるわけである。なお、リース期間終了後に、所有権を銀行から商品の買い手に移転する取引契約もある。これは「イジャーラ・ワ・イクティーナ」と呼ばれ、主に住宅ローンに使われている(38)。

三つ目は「ムダーラバ」である。これは、事業家が「投資家からお金を預かって、そのお金を様々な事業に投資する。そして、その事業から得られた収益を、あらかじめ決められた割合で投資家と事業者で分け合う」ものである。普通は、「何かの事業を行う会社と投資家の間で半分ずつ利益を分け合う」のである。言い換えると、出資者が事業家に資金を出して、出資を受けた事業家は、「当該資金をプロジェクトなどに投下したり、運用したりして利潤を上げ」るのである。そのあと「出資者はそこから出資分に加えて、配当に相当する利潤分を受け取」るのである。

ただ、「利益をもらうことを期待して出資しても、出資した事業が成功するかどうかは分からないので、もし事業が失敗した場合には、投資家も損失を被ることになる」。つまり、出資者も損失を分担することになる。その意味でムダーラバは「損益分担方式の金融」ということになる。それゆえ、一つの事業だけに投資するのではなく、複数の事業に分散して出資をすることが多いといわれている(39)。

四つ目は「ムシャーラカ」である。これは銀行と投資家が手を結んで事業の共同経営を行うというものである。要するに、「共同出資型」の金融方式である。銀行と投資者が合弁で事業に出資する形をとるのである。

ムシャーラカは共同経営というかたちをとるため、ムダーラバとは異なり、銀行が経営に口を出してくる。事業によって得られた利益は、投資家と銀行の間で分け合うことになる。配当の分配率は事前に両者間で合意しておく。あくまでも銀行と投資者との協議・交渉で自由に設定されるのである。合弁事業がうまくいかず、損失を計上することもあるが、両者が一定のルールに従って損失を分担することになる。なお、ムダーラバの取引形態は、短期のプロジェクトで活用されることが多いが、ムシャーラカの取引形態は、比較的長期のプロジェクトで活用されることが多いとのことである。[40]

五つ目は「スクーク」である。スクークとはイスラム金融債もしくはイスラム債券のことである。つまり、イスラムの教義に即して発行される債券である。まず、金融機関や企業が債権を発行して、投資家から資金を集める。金融機関や企業は当該資金を事業に投資する。事後、金融機関や企業は事業から上がる収益を、金利に相当する分を上乗せして回収し、一定期間後に投資家に投資収益として償還するのである。[41]

六つ目は「タカフル」である。タカフルは、イスラム法に基づく保険のことであり、「イスラム保険」とも呼ばれている。イスラム圏で「相互扶助」を意味する言葉である。タカフルには生命保険に相当する「ファミリー・タカフル」と損害保険に相当する「ジェネラル・タカフル」という二つのタイプがある。

まず、タカフルの契約をした人は、保険会社に対して一定の期間、保険料を支払う契約を結ぶ。そして、保険会社が資産を運用して得られた利益の一定の割合を受け取る契約を結ぶ。タカフルの契約者が支払った保険料は個人名義の口座と特別口座に分けて振り込まれる。保険の契約期間中に何も事故が起こらなかった場合、タカフルの契約者は個人名義の口座に入っていた資産とその運用益をまとめて受け取ることができる。保険の契約期間中、不幸にも何らかの事故が発生した場合には、特別口座のほうから喜捨の位置づけで、保険金が支払われることになる。喜捨という位置づけになっているので、事故が発生した時にもらえる保険金は、通常の保険で受け取れる金額に比べるとずっと少なくなる。

言い換えると、加入者は、将来、不測の事態が起きることに備えて、相互扶助を目的として、所定の金額を相互扶助基金に拠出する。不測の事故が発生した場合に、保険金が寄付という名目で、この相互扶助基金から事故にあった加入者に支払われる。タカフルの役割は、この相互扶助基金を資産運用も含めて正しく管理・運営することである。その代わりとして、タカフルは、管理・運営を行う対価に当たる管理手数料を受け取るのである。(42)

以上、イスラム銀行もしくはイスラム金融の事例を見てきたが、今後、イスラム金融は成長・発展してゆくであろうと思われる。この新しい領域が、これからどうなるかを注意深く見てゆく必要があるだろう。

## 五　結　語

スンニ派とシーア派の分派・紛争、ハラール認証、イスラム金融（銀行）など、イスラム圏において生じている事柄は、すべて現在的なものである。すべてイスラム教の開始以来の問題であるにも関わらず、現代において極めて大きな展開を見せている。たとえば、スンニ派とシーア派の問題は歴史上、見過ごすことのできない分派の違いを明らかに示していた。そして長い間、両派の差異はあるものの、棲み分けが生じていたわけだが、近代（とくに一九七九年）以降、宗派対立が明らかになってきたのである。ハラール認証の問題もハラール／ハラームの区別がもともとあったわけだが、一九七〇年代以降、東南アジア諸国からハラール認証の制度が出来上がってきた。イスラム金融（銀行）も、「聖典であるクルアーンによって利子が禁じられている」ことが基本にあるわけだが、一九九〇年代になってイスラム金融は「本格的な発展をするようになった」のである。(43)

とはいえ、こうした最近の動向に批判的な論者もいるのである。たとえば、スンニ派とシーア派の対立は、じつは政治的対立が宗派的対立を生み出している、とする研究者がいる。「宗派の違いが宿命的・不可避的に対立を生むという『宗派対立』論は、こうした現実を的確に表していない」のである。「宗派は違っても、お互いの存在を承認・尊重するというのが一般的なムスリムの立場である。イスラームという宗教への信仰において、両派の間に相違も優劣もない」。宗派の違いをめぐって対立することは、イスラムの歴史においてはタブーとされてきた。そのことが「宗教対立」のきっかけとなったのは、二〇〇三年のイラク戦争とその後の内政の混乱であった。

イラクの場合、フサイン政権崩壊後のアメリカ主導の占領統治下で、スンニ派、シーア派、クルド人の宗派や民族を単位とした利権配分なされた。それによって、国内の権利闘争は宗派や民族の差異によって認識されるようになった。これらが本来的にはイラク国内の権力闘争に過ぎないものであったにも関わらず、あたかも信仰や思想やアイデンティティを争点とした世界観闘争のようになってしまったのである。シリアの場合は、反体制派の中からスンニ派の「シャームの民のヌスラ戦線」や「イスラム国」などの過激派が台頭した。これに対してアサド政権は、シーア派のイランのイスラム革命防衛隊やレバノンのヒズボラの軍事支援を受けながら応戦した。その結果、シリアにおいてスンニ派とシーア派のイスラム主義運動同士がぶつかる激しい戦闘が繰り広げられることになった。

エジプトやチュニジアやリビアは、スンニ派が圧倒的な多数派を占めていたため、宗教対立が起こりにくい政治環境があった。それに対して、イラクやシリアのような国は政治的暴力を伴う権力闘争が発生しており、複数の宗派が存在していたのである。(44)

こうした見方をすれば、スンニ派とシーア派の抗争は今後それほど大きな問題となることはないとも考えられる。いわゆる、シーア派の三日月地帯の特有の問題である、ともいえるかもしれないのである。

次に、ハラール認証についてである。「ハラール認証自体がイスラム教に反していると批判する人々」がいると論評する研究者がいる。それによると、「イスラム教に教義決定機関がない以上、国であれ組織であれハラールを認証する権利はもたないはずであり、にもかかわらずそれを認証する行為は神の主権の侵害であり、イスラム教徒個人がその認証をあたかも神を信じるかのように信じる行為は多神教に罪にあたる」とする。そして「ハラール認証を与えることとひきかえに多額の費用を請求するのは、イスラム教を濫用したぼったくり商売である、という批判には一定の妥当性が」あると論

じている。(45)

また、別の論者によると、「問題なのは、その認可を特定の認証団体がイスラームの名のもとに行っていること」である。イスラムではアッラー以外の権威を認めないので、アッラーに代わってお金を取ってハラール認証を出すことは、明らかに反イスラム的な行為なのである。最終的な判断は、本人が「クルアーン」と「ハディース」を読んで、「自分の責任で行わなければ」ならないのである。

さらに、「第三者機関がお金を取ってお墨付きを与えるという制度は明らかにまちがって」いるのであり、「ハラール認証機関はたんなる利益団体に」ほかならないという。「ハラール認証制度とは」、「イスラームの名を騙った紛い物の最も醜悪な展開と言うことも」できる、と批判する。(46)

このように、アッラー以外の権威を認めることのないイスラムにおいて、アッラーの他の第三者機関がハラーム認証を行うことは、反イスラム的な行為であるとする研究者の論評は確かに正鵠を射ている。しかしながら、二〇二〇年後半の日本のイスラム教徒は二三万人といわれており、ムスリム・フレンドリーなどのお店も次第に増えつつある。そして、多くのイスラム教徒は東南アジア諸国から来ているのである。今後、このような状況がさらに続くと想定される中で、需要の多いハラーム認証は致し方ないともいえるのである。

最後にイスラム金融ないしイスラム銀行についてである。ある論者によれば、第一に「イスラームでは、不換紙幣というものと認め」ない。「実際にはお札はただの紙にすぎ」ないのである。「価値のない紙切れに、国家が力づくで通貨としての価値を与えること自体が反イスラーム的」なのだという。

「イスラームでは、本来、正貨とは金貨や銀貨のこと」である。ゆえに「金銀との交換が可能な小切手の一種である兌換紙幣はイスラームでも認められて」いる。しかしながら、「許されないのは、金銀の裏付けのないただの紙切れにすぎない不換紙幣」である。

第二に、「利子を取っていないといいつつ、実質的には利子にあたるものをとっている」ことである。たとえば、ムラーバハのような取引では、銀行は自動車を購入し、顧客に割符で販売する。顧客は銀行の資金によって自動車を手に入れ、銀行は自動車の仕入れ価格と販売価格の差額を利益として得る。誰にも利子を課することはない、というものである。自動車ローンとほぼ同じものだ、というわけである。しかし、これは「見かけ上、利子を回避する脱法行為」だという。イスラム銀行は「イスラーム法の精神に反する脱法行為で粉飾した」ものであるが、それは「イスラームの名を騙った詐欺の類だ」と論駁するのである(47)。

なるほど、金貨や銀貨以外の不換紙幣を認めることや、見かけ上、利子を回避しているのだが、実質的には利子を取っていることなどは、イスラム金融あるいはイスラム銀行がイスラム法の精神に反するものであることを示しているともいえる。

とはいえ、イスラム金融が肯定的な側面を持っていることも確かである。イスラム金融に関わる当事者の中で、一方において、イスラム金融が「従来型の金融のオルタナティブとして肩を並べる存在となるべきだ」と考えている人々もいるわけである。しかしながら、他方で、イスラム金融の現状に批判的な人々は、「望ましい金融のあり方としてのオルタナティブを追求すべき」だと考えている。

その一例がマイクロファイナンスである。「マイクロファイナンスは、銀行からの融資を受けることが難しい低所得者層に対して借入れ機会を提供することで、貧困からの脱出や自立を支援することをめざす仕組みであり、途上国で広く用いられている」のである。また、それと同様に、「多くのイスラーム金融機関では利益の一部を用いたザカート基金を設けている。この基金では教育活動や社会福祉といった社会貢献事業に対して投資が行われている」という。こうした取り組みは、「より一般的に、企業の不正行為を防ぎ、社会の持続的な発展に資するというCSRの理念にかなっている」のである。このように「社会的により望ましい金融の担い手としてのイスラーム金融の存在に期待を寄せている」人々もいるのである。

利子を追求しない金融取引の実践は必ずしも特異なものではない。利子の禁止はイスラムだけではなく、ユダヤ教やキリスト教でも見られたものである。イスラム金融（銀行）は、じつは新奇な金融ではないのである。その意味で、開始されたばかりのイスラム金融（銀行）がどうなっていくのかを、慎重に見守っていく必要があると考えられるのである。(48)

以上、イスラム教と現在ということで、とくにスンニ派とシーア派の分派・紛争、ハラール認証制度、イスラム金融（銀行）の三つについて述べてきたわけだが、これらが今後、どのような展開を示すかがとても興味深いところである。

## 注

（1）『ブリタニカ国際年鑑』ブリタニカ・ジャパン、二〇二三年、一七〇頁。島田裕巳『宗教別　おもてなしマニュアル』中央公論新社、二〇二〇年、二一三頁。中田考＆天川まなる『ハサン中田考のマンガでわかるイスラーム入門』サイゾー、二〇二〇年、三〇頁。
（2）椿原敦子・黒田賢治『「サトコとナダ」から考えるイスラム入門』星海社、二〇一八年、一四頁。
（3）島田裕巳『なぞのイスラム教』宝島社、二〇一六年、一一―一二頁。
（4）中田考＆天川まなる『ハサン中田考のマンガでわかるイスラーム入門』三八頁。
（5）中田考＆天川まなる『ハサン中田考のマンガでわかるイスラーム入門』五三頁。中田考『イスラーム入門』集英社、二〇一七年、八九頁。島田裕巳『なぞのイスラム教』三〇頁。
（6）島田裕巳『なぞのイスラム教』三〇頁。中田考『イスラーム入門』九〇頁。
（7）中田考＆天川まなる『ハサン中田考のマンガでわかるイスラーム入門』四一頁。中田考『イスラーム入門』九三頁。島田裕巳『なぞのイスラム教』三一頁。
（8）中田考＆天川まなる『ハサン中田考のマンガでわかるイスラーム入門』五三頁。島田裕巳『なぞのイスラム教』三一頁。中田考『イスラーム入門』九五頁。
（9）中田考＆天川まなる『ハサン中田考のマンガでわかるイスラーム入門』五三頁。島田裕巳『なぞのイスラム教』三一―三三頁。
（10）中田考＆天川まなる『ハサン中田考のマンガでわかるイスラーム入門』五四頁。島田裕巳『なぞのイスラム教』三四頁。
（11）中田考＆天川まなる『ハサン中田考のマンガでわかるイスラーム入門』五四頁。島田裕巳『なぞのイスラム教』二五―二七頁。
（12）中田考＆天川まなる『ハサン中田考のマンガでわかるイスラーム入門』一四頁、五四頁。島田裕巳『なぞのイスラム教』三四―三六頁。中田考『イスラーム入門』一〇二頁。

(13) 中田考&天川まなる『ハサン中田考のマンガでわかるイスラーム入門』五四頁。島田裕巳『なぞのイスラム教』三六頁。内藤正典『イスラム――癒しの知恵』集英社、二〇一一年、六〇―六一頁。中田考『イスラーム入門』一〇九頁。

(14) 中田考&天川まなる『ハサン中田考のマンガでわかるイスラーム入門』五四頁。島田裕巳『なぞのイスラム教』三七頁。中田考『イスラーム入門』一〇四頁。内藤正典『イスラム――癒しの知恵』六一―六二頁。

(15) 中田考&天川まなる『ハサン中田考のマンガでわかるイスラーム入門』五四頁。島田裕巳『なぞのイスラム教』三八頁。内藤正典『イスラム――癒しの知恵』六三頁。中田考は、毎年巡礼に行ける者は800人に一人ほどに過ぎず、巡礼の半数近くはサウジアラビア人であるため、実際に巡礼に行けるムスリムの数はもっと少ない、と述べている。中田考『イスラーム入門』一〇六頁。

(16) 中田考『イスラーム入門』八六頁。

(17) 池内恵『シーア派とスンニ派』新潮社、二〇一八年、五二―五三頁。中田考『私はなぜイスラーム教徒になったのか』太田出版、二〇一五年、二〇八頁。水上遼『語り合うスンニ派とシーア派』風響社、二〇一九年、五五頁。島田裕巳『なぞのイスラム教』一三一頁。

(18) 池内恵『シーア派とスンニ派』五三―五五頁。スンニ派とシーア派は宗派や分派ではなく、「学派」として捉えたほうがよいという論者もいる。島田裕巳『なぞのイスラム教』六五頁。島田裕巳&中田考『世界はこのままイスラーム化するのか』幻冬舎、二〇一五年、五七頁。

(19) 池内恵『シーア派とスンニ派』五七―五八頁。

(20) 池内恵『シーア派とスンニ派』六一―六七頁。

(21) 池内恵『シーア派とスンニ派』七一―七二頁。

(22) 中田考『私はなぜイスラーム教徒になったのか』二〇七―二〇九頁。中田考『イスラームの論理』筑摩書房、二〇一六年、二八七―二九一頁。

(23) 阿良田麻里子『今日からできるムスリム対応』講談社、二〇一八年、二頁、二〇―二一頁。島田裕巳『宗教別おもてなしマニュアル』三五頁。
(24) 阿良田麻里子『今日からできるムスリム対応』二二頁。島田裕巳『なぞのイスラム教』三九頁、五八頁。
(25) 阿良田麻里子『今日からできるムスリム対応』二三頁。
(26) 阿良田麻里子『今日からできるムスリム対応』三二頁。
(27) 椿原敦子・黒田賢治『「サトコとナダ」から考えるイスラム入門』三九頁。
(28) 島田裕巳『宗教別　おもてなしマニュアル』二八―二九頁。
(29) 島田裕巳『宗教別　おもてなしマニュアル』六六―六九頁。
(30) 阿良田麻里子『今日からできるムスリム対応』六六―六九頁。
(31) 阿良田麻里子『今日からできるムスリム対応』三八頁。富沢寿勇「グローバリゼーションか、対抗グローバリゼーションか？　東南アジアを中心とする現代ハラール産業の立ち上げとその意義」小川了責任編集『躍動する小生産物』弘文堂、二〇〇七年、三二六―三三一頁。なお、一九七四年にマレーシアの首相府直属のイスラム局から初めてハラール証明書が出たことが、ハラール認証の始まりだという説もある。八木久美子『慈悲深き神の食卓』東京外国語大学出版会、二〇一五年、九一頁。
(32) 富沢寿勇「グローバリゼーションか、対抗グローバリゼーションか？　東南アジアを中心とする現代ハラール産業の立ち上げとその意義」『躍動する小生産物』三一七頁、三四四頁。
(33) 小杉泰・長岡慎介『イスラム銀行』山川出版社、二〇一〇年、三頁、一二頁。吉田悦章『イスラム金融はなぜ強い』光文社、二〇〇八年、二一頁。門倉貴史『イスラム金融入門』幻冬舎、二〇〇八年、一七頁。
(34) 吉田悦章『イスラム金融はなぜ強い』一五―一六頁。門倉貴史『イスラム金融入門』二七頁。
(35) 小杉泰・長岡慎介『イスラム銀行』二八頁。
(36) 小杉泰・長岡慎介『イスラム銀行』六頁。
(37) 門倉貴史『イスラム金融入門』三二―三三頁。小杉泰・長岡慎介『イスラム銀行』八八―八九頁。畑中美樹『「イスラムマネー」がわかると経済の動きが読めてくる！』すばる舎、二〇〇六―二〇七頁。

(38) 門倉貴史『イスラム金融入門』三三―三五頁。畑中美樹『「イスラムマネー」がわかると経済の動きが読めてくる!』二一〇―二一一頁。
(39) 門倉貴史『イスラム金融入門』三五―三六頁。畑中美樹『「イスラムマネー」がわかると経済の動きが読めてくる!』二〇八頁。
(40) 門倉貴史『イスラム金融入門』三六―三七頁。畑中美樹『「イスラムマネー」がわかると経済の動きが読めてくる!』二〇九―二一〇頁。
(41) 畑中美樹『「イスラムマネー」がわかると経済の動きが読めてくる!』二一二―二一三頁。
(42) 門倉貴史『イスラム金融入門』四〇―四二頁。畑中美樹『「イスラムマネー」がわかると経済の動きが読めてくる!』二一三―二一四頁。
(43) 小杉泰・長岡慎介『イスラム銀行』三頁。門倉貴史『イスラム金融入門』一七頁。
(44) 末近浩太『イスラーム主義』岩波書店、二〇一八年、七〇頁。末近浩太『中東政治入門』筑摩書房、二〇二〇年、二七二―二七七頁。
(45) 飯山陽『イスラム教の論理』新潮社、二〇一八年、二一二―二一三頁。
(46) 中田考『私はなぜイスラーム教徒になったのか』六四―六五頁。中田考『イスラームの論理』一四五頁。
(47) 中田考『私はなぜイスラーム教徒になったのか』一二九―一三一頁。
(48) 小杉泰・長岡慎介『イスラーム銀行』一〇九―一一七頁。なお、長岡慎介は、「ザカートは、『無利子』にならぶイスラーム経済を代表する特徴のひとつです」と述べている。長岡慎介『お金ってなんだろう?――あなたと考えたいこれからの経済』平凡社、二〇一七年、二〇八頁。

# 第四章　儒教を考える

## はじめに

世界の宗教を考える場合に、一神教と多神教に分けることができる。よく知られているように、一神教はただ一つの神のみを信じる宗教であり、ユダヤ教、キリスト教、イスラム教がそうである。そして、キリスト教やイスラム教は国家や民族を超えて広がっているので「世界宗教」と呼ばれるのである。他方、多神教は複数の神を信じている宗教であり、ヒンドゥー教、儒教、道教、仏教、神道、シーク教、ジャイナ教、ゾロアスター教などがある。この中の仏教を除いて、その多くは「民族宗教」であるといえる。つまり、インドや中国や日本などの特定の国家や民族に宗派の分布域がだいたい集中しているので、その宗教を「民族宗教」と称するのである(1)。

さて、これらの中でも、儒教は開祖が孔子とされているわけであるが、儒教が布教の対象として全人類的なものを考えている、とは言い難い。「儒教は、神道やヒンドゥー教と同類の民族宗教」なのである。(2) さらに孔子が開祖なのかどうか疑わしいという説もある。たとえば、石平は孔子が五つの儒教経典（「五経」）とは一切関係がない、と述べている。(3) また、儒教が宗教かどうか、という点についても疑問符をつける人もいる。すなわち、同じ中国の宗教の中でも、道教は宗教であるのに対して、儒教は宗教ではない、と考えているのである。(4)

というわけで、儒教はいささか問題をはらんだ宗教である。本章では、その儒教について考えてみようと思う。はじめに儒教と並んで有名な道教について簡単に述べてみたい。なぜ初めに道教を論じるかといえば、「……中国の人びとは儒学の政治中心主義が主役であるべきで、道教のオカルト中心主義は脇役でよいと考えているからだ。儒学が中心で、儒学の足りない部分を道教が補う。儒学と道教は、あわせて全体、なのである」ということによる。道教は、儒教を押し退けて、儒教に取って代わることがなく、「ウラ儒学」の役割にとどまるのである。(5) また、中国では老荘思想は無為自然といって自然な生き方を提唱しているが、その意味で儒教が人為主義で、老荘思想あるいは道教が自然主義、と分類できるかもしれない。けれども、老荘思想が自然主義を提唱するのは、儒教の人為主義に対するアンチ・テーゼなのである。つまり、儒教があまりに礼といった「人為」を主張するのに反撥して、老子や荘子の「無為」が出てきたのである。(6)

## 一　道教とは何か

それでは「ウラ儒学」（≒ウラ儒教）ともいえる、道教から約言してゆきたい。まず、道教の「道」はなんであるか、ということである。まず、道教は「道との一体化を達成し、永生不死を得ることを目指すというはっきりとした目的を持って」いるという。[7]また、「道教は、不老長生を得て『道』と合一することを究極の理想として掲げているが、その道というのは、『老子』に説かれる『道』で」あるという。つまり、「道教の教理をまとめた書物の冒頭には、『老子』の『道』または『道徳』についての説明がある」というのが通例になっている。[8]まずは、道教の「道」はきわめて大まかには「道徳」と考えるべきものであろう。

そして、「『老子』の『道』は、天地万物の根源に関わる哲学的な概念」だということであるが、それは「目に見える現象世界を超えた根源の世界、天地万物がそこから出てきたところの奥深い神秘の世界に目を向けている」。すなわち、「『道』は天地万物が生じる以前の元始の時間、根源の世界に関わるもの」だということである。さらに、「『道』は視覚・聴覚・触覚によってとらえられないものであり、人間が把捉しうる姿かたちを超えたところの『無状の状、無物の象』で、惚恍としておぼろげなものである」。[9]

また、「道」から天地万物が生じる順序を、『老子』では以下のように述べている。「道は一を生じ、一は二を生じ、二は三を生じ、三は万物を生ず。万物は陰を負いて陽を抱き、冲気以て和を為す」（『老子』第四十二章）。この「道→一→二→三→万物」という順で天地万物の生成が行われたというわけだが、その場合、「万物は陰の気を背負い陽の気を抱いて、中和の気によって調和を保っている」。そして「万物は自分自身の中に、自己を形づくっている陰陽二気・中和の気を含み持っている。……つまり、『道』はすべてのものの中に内在している」。このように「『道』は万物の根源であると同時に、万物すべてに内在する普遍性をも持っている」のである。「万物の中に入り込んだ『道』は、万物の動きとともに遠くまで広がりゆき、そして、広がりゆくと同時に、必ず元の所に帰ってくる（「遠ければ日に返る」）と『老子』は言う。根源の『道』は、万物に内在して『逝』くとともに、またもとに『返』るという還元性をも持つ」という。(10)

つまり、「『老子』の『道』は、人間の言語や感覚によっては把捉しがたい超越的なものである。そして『老子』は、その『道』が世界の根源となり、『道→一→二→三→万物』という順で天地万物が生成したと述べている」ということである。(11)

次に、道教の大まかな概略を見ておきたい。まず、道教の始まりはいつか、ということである。「道教が教団としての形を整え、その経典が生み出されたのは、中国の魏晋南北朝（二二〇～五八九）と呼ばれる時代である」とされる。魏晋南北朝時代以前の後漢（二五～二二〇）には道教の先駆けとなる二つの宗教団体が誕生した。それが太平道と五斗米道であるが、これらの教団が道教の起源になったといわれる。その後、人々は生活上・精神上の救いを宗教に求め、仏教と同じく、道教も教理的な体系と教団の組織を整備していった。「そして、魏晋南北朝から隋唐時代（五八一～九〇七）にかけて、中国を代表する宗教として儒教・仏教とならぶ地位を獲得していった」ということである[12]。

さて、道教にもお寺のようなものがあり、それを道観と呼ぶ。そして、道観という施設に寝泊まりして日々修行に励む人を道士と呼ぶ。つまり、道観の道士は仏教の僧侶にあたる人である。「道士とは、道観に住んで仙人になる修行に励む人々をいう」のであり、「道観とは仏教の寺院にあたる建設物で、道士たちはそこで修行を行い、神々を祭り、宗教儀式を行い、日常生活を送る」のである。道士たちは「仙人を目指して修行する、またさまざまな呪術儀礼によってたたりをなす妖怪や悪鬼を退け鎮める。このような性格や役割を道士たちが奉じている教えが、道教と呼ばれる宗教である」。（ちなみに、道教の経典は「道蔵」と呼ばれる一大叢書の中に集められている[13]。）

さらに、道教の内容を見てゆきたい。道教の内容は教学、方術、医術、倫理の四部門に分けることができる。第一の教学的部門とは、「宇宙生成説、万物の根本とされている『道』のおこりとその展開、天界や地獄の種類と様子、神々や仙人などの説明である」。言い換えると、「宇宙の成り立ち、天地のあいだにある万物の根元である『道』のおこりとその展開、大羅天を最高とし、それより下に三十五天もあるという天界の種類や名前と、そこの様子、それらの天界にいる神々や仙人、地獄の有様などの説明」をこの部門が行っている[14]。

第二は方術的部門である。方術とは「医術、占い、長生きの呪いや方法など、中国古代の巫や方士などがやったさまざまな呪術的方法の総称」なのである。したがって、この部門には呪い、おふだ、

星占い、予言、お祓いや祈禱の儀礼、儀式などがある。(15)

第三は医術的部門である。道教の主な目的が不老長生におかれているので、この部門はとくに重要視されている。ここには養生術や治病法、薬剤などが含まれている。この部門は、道教の言葉でいう「辟穀、服餌、調息、導引、房中の五つに小分類」することができる。「人間の精神は肉体に束縛され、肉体は食物によって保たれているのだから、長生きするためには飲食の量をへらし、火食をさけて、精神を清浄にしなければいけないというのが道教の主張」なのである。つまり、「長生きをするには、食べる分量を減らすとともに火をつかった料理を食べてはいけない」と説き、その方法が辟穀である。そして、「草の根や木の皮などからとってつくった薬をのむ」のだが、それが服餌である。「神仙になるため、または長生きをするための服薬法」なのである。また、「人間の生命力の根元は体内にある『気』だというのが、道教の根本の主張」なのであり、「『気』がなくなると死ぬわけだから、体の『気』を保持し、充実させることが必要」であり、その方法が深呼吸法であるが、それを調息という。調息は胎息、閉気、吐故納新、行気、服気などともいわれている、とても長い腹式呼吸法なのである。導引も調息と同様に体内の『気』を保つために考えだされた、柔軟体操やヨガに似たような健康法である(太極拳や気功は、この流れを汲んだ健康法である)。最後の房中術は、導引や調息などと同様に、体内の気を蓄えて減らさない方法として考え出された。ただ、早くから閨房術(男女の交合によって不老長生を得ようとする養生術)の秘儀とされてしまったので、儒仏二教から攻撃されることになった。(16)

第四は倫理的部門である。この部門には、「徳や善を積むこと、戒律、清規などがふくまれる」わけだが、「その倫理が長生きと結びつけられているところが、特長である」。また、「旧中国の民衆の倫理や社会道徳が、実際には、儒教よりもむしろ道教のとく倫理思想によってささえられていたこと」を注意すべきである。道教的宗教集団である、大平道や五斗米道では、「治療をたのみにきた病人を静かな室にいれて、自分の犯したあやまちを反省して悔い改めさせたのちに、祈禱をして病気をなおしたが、それは、神があやまちや悪事をみていて、その罰として人々を病気にするという考えがあった」ことを示している。そのことは「神の威力をかりて悪事をしないように、倫理道徳の実行をすすめている」ということである。そして、九世紀以後は、戒律は重要視されるようになり、「道観のなかには多くの戒律書がおさめられている」。ただ、戒律は仏教類似のものが多いので、仏教から攻撃された反映であろうとされている[17]。

以上、道教の概略を述べてきたが、道教は中国人の民族宗教である。そこでの教えは「無為自然の状態への復帰」である。他方、儒教、すなわち、孔子の教えは「支配階級に属する人間」のみに向けられていた。では被支配階級はどうなるのか。じつは被支配階級である一般庶民への教えが道教なのである。「そうすると、われわれは儒教プラス道教をもって、中国人の民族宗教としたほうが」よい。つまり、「支配階級の宗教である儒教と、非支配階級の宗教である道教がワン・セットになって一つの民族宗教になっている」のである。その場合、「二つがワン・セットなったとき、中国人の中国人らしい生き方が」示されるのであり、「一つだけでは生き方はわからない」のである。

しかしながら、「時代が下るにつれて、儒教の宗教的性格は薄れて」くる。「そうすると儒教が儒学になり、支配者階級の学問、教養になる」。「その結果、中国人の民族宗教といえば道教だけになってしまった」のである。(18)

## 二　儒教とは何か

### (1) 儒教の三つの時代

次は儒教についてである。孔子が儒教の開祖であることはすでに述べたとおりであるが、はじめに孔子の人となりをごく簡単に記しておきたい。孔子は中国の春秋時代に魯国（現在の山東省）の曲阜で誕生したのである。紀元前五五一年（前五五二年という説もある）から四七九年に生きていた人とされる。父親は農家（あるいは農民上がりの下級武士）であり、母親は「儒」と呼ばれた祈禱師ないしはシャーマンの家系の人である。孔子はこの父と母の野合によって生まれたという。「野合」という以上、正式に結婚できないなにかの理由があったのだろう。(19)

孔子が生きた時代は、周王朝の権威が衰え、諸侯が勢力争いをしていた時代である。孔子が目指した社会とは、祖先に「礼」を尽くし、その功績を「楽」で称える「礼楽」の世であった。孔子は自らの学識が評判になると、思い切って役人の職を辞して、魯の都曲阜に私塾を開いた。そして、三〇代から四〇代後半までは在野の思想家として過ごしている。そんな孔子に、自分の理想とする政治を実現する機会がやってきたのは、五〇歳を過ぎてからである。魯の君主・定公から、中都の宰相として招かれたのである。しかし、紀元前四九七年、五〇代半ばの孔子は、政治的地位を失い、弟子たちとともに自分の政治的原理を実現する政治家としての仕官のために祖国以外の諸国遍歴の旅に出る。孔子はこのあと約十四年間にわたって諸国を回る。孔子が実際に訪れた国は斉・楚・衛・鄭・曽・蔡・宋・陳であった。しかし、時は群雄割拠の乱世であり、残念ながら孔子が時代から求められることはなかった。孔子六九歳の時、魯の哀公の招きにより十四年ぶりに魯に帰った。孔子は祖国の魯で晩年を送ることになったが、もっぱら弟子の教育のみに明け暮れたわけではなく、単なる隠居生活ではなかった。そして、「七〇にして、心の欲するところに従いて矩を踰えず」とあるように、自分の欲求と倫理規範とが一致する境地に達した孔子は、七四歳でこの世を去るのであった。[20]

さて、つぎに儒教についてであるが、ここでは儒教の時代を三つの時代に分けてみたい。すなわち、儒教の発生から現代にいたるまでを、㈠原儒時代、㈡儒教成立時代、㈢経学時代及び儒教内面化時代、に区分して論じてみたい。

まずは㈠の原儒時代であるが、「孔子に始まる儒教、理論体系を持った儒教が登場する前、その母胎があった」。その母胎を原儒と呼ぶのである。[21]

〈儒〉もしくは原儒は、人間を精神と肉体とに分けて精神の主宰者（＝魂）と肉体の主宰者（＝魄）があると考えた。そして、この魂・魄が一致している時を生きている状態とするのであり、逆に、魂と魄とが分離する時が死の状態であるとするのである。言い方を変えれば、精神的活動を支配するものを魂とし、肉体的活動を支配するものを魄として、この魂魄両者が交わっている状態を〈生〉とした。

人間が生きているとは、心身がともに働いている状態だということである。そして、魂魄が協力していた状態でなくなる、すなわち魂魄両者が分離してしまうこと、それが〈死〉であるという。

その後、分かれた魂魄はどうなるかということだが、魂は天上に、魄は地下に行くのである。魂魄は死とともに分かれたので、死の世界に在る魂魄両者を呼び出して、合体させると、再び生の状態になる、というわけである。そこで、魂魄を天上・地下から呼び戻す儀式を行うことになる(22)。

つまり、儒はこう考えた。人間は精神と肉体とから成り立っているとし、精神を主宰するものを〈魂〉とし、肉体を支配するものを〈魄〉とした（いわば心身二元論である）。死ねば魂・魄は分離し、それぞれ天上・地下へ行く。とすれば、理論的には、離れたものは再び結びつけることができる。そこで、分かれた魂・魄を再び結びつけることによって、〈この世〉に再生が可能だと儒は考えた。具体的には、もとのところに魂を召喚し、魄を復帰させること、すなわち、招魂復魄の儀式を行うことである。魂が降りてくる、魄が帰ってくる。そして、魂・魄が融合し共存する。それは死者が〈この世〉に再び現れることである。もちろん、もはや現世にいた時のような姿ではないけれども、再生する（招魂復魄再生または招魂再生(23)）。

孔子以前、原儒の時代があったのだが、その時には、シャーマニズムを基礎にしており、〈孝〉という考え方があった。孔子が登場して、それを生命論として自覚して統合してゆく中で、儒教が成立してゆく。シャーマニズムの目的や過去・現在・未来にわたる生命論としての〈考〉を孔子は統合してゆく。つまり、〈孝〉とは生命の連続を自覚することであり、（1）祖先の祭祀（招魂儀礼）（2）父母への敬愛（3）子孫を生むことの三者をひっくるめて〈孝〉と考えた。子孫・一族の祭祀によって、この世に再生することが可能となる。〈孝〉の行いをつうじて、自分の生命が永遠であることの可能性に触れるのである。この生命論こそが〈孝〉の本質である。つまり、儒は、招魂儀礼という古今東西に存在する呪術を生命論に構成し、死の恐怖や不安を解消する説明を行うことに成功した(24)。

さて、孔子の生きた時代には、古くから坐祝《ふしゆく》がいた。儒はもともと「坐祝」を意味する語であり、儒は古い呪的儀礼や喪葬などのことに従う下層の人たちのことだった。儒には大儒（君主儒）と小儒（小人儒）があったらしい。小儒は葬礼の記録などを担当し、大儒は師儒ともいうべき知識層であった。つまり、儒には、王朝の祭祀儀礼・古伝承の記録担当官と遠く関わりを持つ知識人系上層の儒と、祈禱や喪葬を担当するシャーマン系下層の儒とがある(25)。つまり、孔子の時代には儒が葬礼の専門職として関わっていたのであり、儒において宗教性と礼教性（道徳性）が密着していた。しかし、孔子は儒を君子儒と小子儒に分け、宗教性を中心とする小子儒ではなくて、礼教性（道徳性）を中心とする君子儒となることをめざしていた。したがって、(二)の儒教成立時代は宗教性と礼教性（道徳性）とが分離する傾向が見られるのである。そして、原始儒家の時代から次の経学時代以降になると、この分離の傾向がいっそう激しくなるというのである(26)。

ここで重要なことが現れてくるのであり、宗教的儀礼（招魂儀礼）が倫理的儀礼（社会的儀礼）へと移りゆくのである。祖霊をこの世に呼び招き寄せ、再び生を与える招魂儀礼が、祖先を崇拝し、その血を受け継ぐ現実の自分たち一族の団結の儀礼へと転化していく。宗教的儀礼が社会化されて倫理的儀礼となっていくのである。[27] 家族関係の冠婚葬祭という小礼だけはなくて、政治という大きな社会的関係にも礼を求めるのが儒家であって、あらゆる人間関係に礼の徹底ということを主張したのである。[28]

次に㈢の経学時代及び儒教内面化時代についてである。儒教は後漢時代の後半から仏教と道教という強敵を持つようになる。儒教・道教・仏教が鼎立した論争が六、七百年続いたあと、十一世紀の宋代になって、儒教側から宇宙論・形而上学に弱かった点を補おうとするようになる。その中心人物が朱子（朱熹）であった。朱子学の最大特長は従来の儒学理論体系に宇宙論・形而上学を重ねたことだという。つまり、朱子学以前の経学は、生命論としての孝・家族論・政治論（すなわち、宗教性と道徳性）までを扱っていたが、朱子学はさらに宇宙論と形而上学（存在論）を（すなわち、哲学性を）加えたのである。[29]

朱子学以後の近世において、中国社会に影響を与えていったのは朱子学であった。しかし、科挙廃止の年（一九〇五年）に始まり、辛亥革命（一九一一年）によって清王朝が倒れることをもって、王朝体制と不可分の関係にあった経学の時代が終わったのである。この経学の終焉とともに、朱子学もまた急速に力を失っていったのである。[30]

結局、儒教は道徳性（礼教性）と宗教性から成り立っており、㈠の原儒時代（前六世紀以前）は、道徳性と宗教性との混淆時代だといえる。㈡の儒教成立時代（前六世紀〜前二世紀）は道徳性と宗教性の二重構造の成立時代といえよう。そして、㈢の経学時代（前二世紀〜二〇世紀）及び儒教内面化時代（現代〜未来）は、道徳性と宗教性の分裂とその進行の時代であるといえる。[31]

## （2）「五倫五常」と「四書五経」

儒教には、とかく四角四面の倫理道徳という印象があるが、そういう儒教の性格を示すのが「五倫五常」とまとめられる基本徳目である。まず、「五倫」とは、対人関係において実践すべき徳のことである。すなわち、「父子の親」「君臣の義」「夫婦の別」「長幼の序」「朋友の信」の五つである。「父子の親」は、父と子が自然な親愛の情で結ばれていることである。「君臣の義」とは、主君と家臣は正しい義（あり方）で結ばれていることである。「夫婦の別」は、夫と妻の間には別（けじめ）が必要であることである。「長幼の序」は、年長者と年少者の間には序列があることである。「朋友の信」とは友は互いに信頼で結びついていることである。

さらに儒教には「五常」と呼ばれる徳目がある。すなわち、仁、義、礼、智、信の五つの徳である。この五つの徳のうち、「仁、義、礼、智」の四徳は孟子が説いたものである。「信」はのちに漢の儒者・董仲舒が付け加えたものである。この五常が、五倫と並んで東アジアの倫理・道徳の基礎になったといわれる。[32]

さて、仏教に経典、キリスト教に聖書、イスラム教にコーラン（クルアーン）があるのに対し、儒教にも聖典が存在する。それが「四書五経」である。このうち、儒教の根本聖典とされているのが、『易経』『書経』『詩経』『礼記』『春秋』からなる「五経」である。五経は、前漢の武帝の時代に儒教が国教化された時、その基本的な経典として採用された（昔から五経は孔子が編纂したものとされてきたが、本章の「はじめに」で触れたように、「五経」は孔子や『論語』とは何の関係もないという説がある）。

『易経』は、陰陽の原理によって宇宙の根本を説いた書である。一口にいえば占いの書である。『書経』は、夏・殷・周にいたる古代の王と、それを補佐した人々の言行を伝える書である。儒家の理想である王道政治の理念を示したものである。『詩経』は、中国最古の詩集である。周代末期から春秋時代にいたるまでの数百年間の詠まれた三〇五編の歌謡を収録している。『礼記』は、礼に関する書である。王朝制度、伝統的な礼の解説、礼の根本精神について述べられているほか、孔子とその弟子たちとの礼にまつわる逸話が収録されている。『春秋』は、春秋時代の魯国の公式記録で隠公から哀公にいたる二四二年間にわたり、孔子の祖国である魯を中心とした外交、戦争、宮室の婚姻、地震・洪水などの災害について、簡潔に述べられたものである。

五経に次ぐ必読の書が「四書」である。四書は朱子学の創始者である朱子（朱熹）が、聖人の教えを学ぶ際の、基本的な書として定めたものであり、『大学』『中庸』『論語』『孟子』の四つからなっている。

『大学』はもともと五経の一つである『礼記』の一篇だったものを、朱子が独立させて一冊の書物とした。その中には儒教の理念をわかりやすく伝える一節がある。まず、自分自身を正して、それから家、国家、世界の順に治めていくという儒教の基本が簡潔にまとめられている。『中庸』も、『大学』と同じく、もともと『礼記』の中の一篇が独立したものである。『中庸』は書名のとおり、「中庸の徳」について説かれている。中庸は過剰も不足もない状態のことで、古くから人間が実践すべき徳として重んじられてきた。中庸の徳を強調し、天から与えられた性に順って人として調和のとれた生き方をすべしと説くのである。『論語』は、孔子とその弟子たちの言行録である。署名の「論」は論難、つまり相手の誤りを指摘して正すこと、「語」はその答えを意味する。おもに、君子のあり方に関する孔子の考え方がまとめられている。『孟子』は、孟子の言行をその弟子たちが編纂したものである。孟子は、孔子のおよそ一五〇年後の戦国時代中期に活躍した思想家で、孔子の孫の子思の流れをくむ。孔子とともに、儒教の発展に貢献したとされる(33)。

## (3) 儒教は宗教なのか?

「はじめに」のところで述べたように、儒教は宗教なのかどうか、ということが重要な論点として残っている。道教の関係者の中には、道教は宗教であるが、儒教はそうではない、とする人がいる。すでに触れたように、窪徳忠は「儒教に宗教的な要素がふくまれているのが事実であるにせよ、少なくともいまのところでは、宗教という枠に入れることには、ためらわざるをえないという気持ちである」と明言している。そして「そういうわけで、中国に起こった宗教は結局道教一つだけということになる」と述べている(34)。

また道教研究者の坂出祥伸は「儒教を宗教としてとらえるのは、一つの見方でしょう。本来は儒教にも祖先祭祀を行なう一種の宗教的性格があったのですが、それは次第に希薄になり、忘れられ無視されて、『儒学』として政治的倫理的色彩を強くしていったのです」という。さらに「儒教は死後の世界については非常に冷淡なのです。その代わりに『経世済民』、つまり世の中を正しくして民の生活を安定させるという現実的な救済を目的としています」としている。坂出は元来は儒教に宗教的特性があったのだが、次第に忘れ去られ、死後の世界に関して冷淡になっており、儒教から政治的倫理的な儒学に変化している、と論じている。坂出も儒教を宗教として捉えることには否定的であるように思われる(35)。

中国哲学者の池田末利は、小口偉一・堀一郎監修『宗教学辞典』の中の「儒教」のところにおいて、「道・仏二教とは異なって、儒教には超俗的要素が乏しい。この点から、儒教の宗教性については問題がある」と述べている。そして、「宗教をいかに定義づけるにしても、孔子の教学や儒教を宗教と断定することは困難で、ただ宗教的要素をふくむというにすぎない」と述べており、儒教を宗教と見なすことには反対している(36)。

評論家の石平は「『儒教』は宗教ではない」と明言している。キリスト教やイスラム教のように「神」のような絶対的な存在は、儒教にはいない。孔子は「鬼神語らず」という言葉にもあるように、神も、鬼も語ることはなかった。儒教はまた死後の世界にもまったく関心がない。儒教にとって死や死後のことはどうでもよく、「現世をどう生きるのか」が問題なのである。儒教は宗教ではない、と言われる所以がここにあるのであって、儒教は宗教としての要素があまりに欠けているのである(37)。

次に、儒教が宗教であると論じている人々を紹介する。比較宗教史を専門とする菊地章太は、「儒教は宗教以外のなにものでもない」という。「儒教では先祖の霊魂が実在すると考える。その祭祀に余念がない。これはまぎれもなく宗教行為である」と述べている。すなわち、儒教は「霊魂の実在を認めるがゆえにそれは宗教にほかならず、霊魂を祭祀するのはまぎれもない宗教行為である」とするのである(38)。

宗教学・宗教史学者の中村圭志も、儒教は道徳あるいは政治的イデオロギーとしての性格が目につき、あまり宗教らしい感じがしないが、中国における儒教文化は、祖先の霊を祀るという、はっきりと「霊」的な性格をもつ「宗教」である、としている(39)。

推理小説、歴史小説の作家であると同時に、歴史著述家でもあった陳舜臣《ちんしゅんしん》も、儒教は宗教だという。儒には祭祀という宗教的な要素がふくまれている。祖先を祀り、天地を祀り、さらに孔子を祀るのが、中国の指導的階層の宗教的な行為だったのである。祖先の祭祀を重くみる儒教は、霊魂の不滅を信じているところが、どうしても宗教である、と述べている(40)。

社会学者の橋爪大三郎は、儒教は神を信じない、宗教らしくない、そんな儒教のどこが宗教なのか、と問う。しかし、儒教は宗教とみてよい理由が三点ある、という。一つは皇帝が天を祀る、ということである。皇帝は儒教の正統な統治者であり、皇帝はその地位を天に与えられた。その天命に応えるために、機会あるごとに天を祀る。天を祀る資格があるのは皇帝だけである。このように目に見えない天を祀るのは、宗教であろう、という。

もう一つは中国の人々がみな、祖先を祀る、ということである。祖先崇拝は、子孫の義務である。親、とくに父親を尊敬し、親の親、親の親の親、……を祀る。この血縁のネットワークが、権力や富に頼れない一般の人々にとって、身を守る安全保障になるのである。

三つ目が、儒教には宗教に関心がない、という点である。儒教には宗教にたいしてはっきり警戒感や敵意がある。中国の歴代王朝はほぼ例外なく宗教反乱によって倒されたのであり、宗教を警戒し、抑圧し排除した。このように宗教をライバル視する儒教は、やはり宗教だといってよいのではないか、と論じるのである[41]。

仏教哲学の研究者である、ひろさちやは、「儒教はれっきとした宗教だ」と思うと述べている。「儒教が宗教であるか否かに関しては、学者の見解は一致し」てはいないが、ひろさちやは「儒教は宗教だ」と思っているという。その理由として宗教は以下の三つの条件を満たすものでなければならないとする。一、人間は不完全な存在であると認識していること。二、現実世界の価値観を否定し、彼岸的価値観に立脚していること。三、人間としての決定的な生き方を教えてくれること。

一は、多くの宗教が神、といった絶対者を立てることで成り立っている。人間は不完全な存在で、神や仏が完全なのである。人間は不完全であるから、未来に関して、また、公正や不公正に関して、判断できない。それらの判断を絶対者に任せなくてはいけない。ここから絶対者への全面的な帰依が出てくるのである。

二に関しては、たとえば、現代日本社会では役に立つ人間のほうが価値が高いとしているが、仏教においては、すべての人間が仏の子であって、平等なのだと教えている。それが彼岸的価値観である。キリスト教においても、イエス・キリストの「幸いなるかな貧しき者」と言ったのも、金持ちのほうが貧しい者より価値が高いとする現実世界の価値観を否定し、彼岸的価値観を教える発言であったのである。

三の「決定的な生き方」とは、死後の存在までを含めた生き方である。われわれが死んだあとどうなるか、その死後の世界の生き方までも踏まえて、現在の自分がどう生きるべきかを教えてくれるのは宗教だけである。

宗教がこのようなものだとして、儒教が宗教であるかどうかを考えてみたい。まず一に関しては、孔子は謙虚である。自分が完全な人間だと言っていない。ただ、孔子は周公旦を崇めていた。この周公を聖人としていたので、ある意味では完全な人間がいると認めたことになる。けれども、この周公は過去の伝説的人物とみたほうがよい。そうすると、孔子は現実の人物の不完全さを語っていることになる。

二に関しても、孔子は、自分よりも五百年も昔の、周の初めの政治のあり方を理想としていた。つまり、孔子は、往古の時代に彼岸世界を設定し、そこから現実世界を批判した。この態度は、すぐれて宗教的であるといえる。

三に関しては意見の分かれるところである。たしかに孔子は、死後の世界について語っていない。ただ、それはむしろ死後の世界についての判断放棄を呼び掛けているといえる。その点では人間の知の限界を自覚した謙虚な宗教的態度といえるのである。

以上のように述べて、ひろは「儒教は宗教だ」と考えると言う(42)。

中国哲学史が専門の加地伸行は、「『儒教は死および死後の説明者である』すなわち儒教は宗教の一つである」と主張する。つまり、キリスト教や仏教には宗教性があると同時に道徳性がある、という。同じく儒教においても、宗教性があると同時に道徳性がある、と論じる。つまり、キリスト教やインド仏教などと同じく、儒教も宗教性と道徳性との二本柱の上にある、と主張するのである。[43]

繰り返しになるが、儒教は、①一族が亡き祖先を追慕して祭ること、すなわち招魂再生儀礼、②生きてある親につくすこと、③祖先以来の生命を伝えるため子孫を生むこと、この三者をあわせて「孝」と称し、儒教理論の根本とした。孝とは、祖先という過去、親という現在、子孫という未来にわたって生命が連続することに基づく思想である。祖霊は招魂儀礼によって、このなつかしい現世に再び帰ってくることができるし、逆に、現在のわれわれをして遠い過去にも生きていたことを知らしめる。このように儒教における孝とは、生命の連続を主張する生命論だとされる。[44]

あるいは、儒教では、①祖先祭祀、②親への敬愛、③子孫の存在の三者をもって孝とするのである。儒教の孝は、祖先（過去）・父母（現在）・子孫（未来）の三者を貫く在りかたという個別具体的な把握である。分かりやすくいえば、祖先の生命が、自分において存在しており、その連続してきた生命を次の世代に託してゆく、ということである。すなわち、儒教とは〈生命の連続〉に窮極の価値を置く思想なのである。[45]

このように、招魂再生ということによって、懐かしいこの世に再び帰り来ることができる、という死生観と結びついて生まれてきた観念が孝なのである。すなわち、死の観念と結びついた〈宗教的孝〉なのである。この〈宗教的孝〉こそが儒教の本質である、という。[46]

日本では朱子学が儒教の道徳性を重んじており、儒教の宗教性を見なくなっていた。江戸時代の朱子学の「儒教は道徳、宗教ではない」という解釈が受け継がれ、現代日本でも儒教といえば倫理道徳という概念が定着している。しかし、加地は、儒教には宗教性と道徳性との両者があり、「宗教は死および死後の説明者である」と定義している。その上に立って、「儒教の宗教性」を主張しているのである[47]。

以上、儒教が宗教か、否かということに関して、賛否両論の議論を見てきたが、一応、儒教に宗教的なものが残されている、という点については、大体の議論で確認できると思われる。しかし、『論語』と儒教とが別々のものと考えると、やはり儒教・儒学は体制的イデオロギーであって、宗教ではない。つまり、本章の儒教の三つの時代で述べた、㈢経学時代（前二世紀～二〇世紀）及び儒教内面化時代（現在～未来）の儒教は明らかに道徳的・礼教的である。基本的に、儒教は政治的なものであり、孔子は宗教的であると同時に道徳的だったのである、と考えることもできるのである。

## 三　『論語』と儒教とは異なる

石平は『論語』と後世の儒教・儒学が別物だと考えている。『論語』は、孔子の死後、彼の身近にいた門人たちが、師が生前に発した言葉、自分たちと師との対話などをまとめた孔子の言行録である。

拾われてきた孔子の言葉や孔子と弟子との対話は内容的に整理されることもなく、『論語』という書物に無造作に羅列されているだけである。つまり、『論語』とは、孔子が発した多くの短文を一冊にまとめたものであり、いわば、「格言集」なのである。

また、孔子は「思想家」や「哲学者」や「聖人」ではない、という。まず、孔子は「仁」について語る場合、その場その場の思いつきで自分の考えや洞察や感想を述べているだけで、おそらく、彼の頭の中でも「仁とは何か」についてきちんと交通整理されていない。孔子は一般的意味での「思想家」とはいえない。

「哲学者」は世界と人生についての根本原理を学問として追求する人間のことといえるが、その意味で孔子を「哲学者」であるとはいえない。孔子は人生や世界の根本原理の興味がなく、それを追求しようとは思っていないからである。孔子には物事の背後にある根本原理を追求しようという、哲学者的な好奇心や探求精神が決定的に欠如している。実際に、「仁」や「孝」や「忠」や「義」などの諸テーマについて同様な態度をとっており、それぞれの基本原理は何かということについていっさい語らない。

三つ目は「聖人」であるが、孔子に対する共通の称号は「聖人」である。しかし、実際の孔子は理想的で完璧な人間であったのだろうか。『論語』に出てくる孔子を見てみると、孔子は意地悪くて人の気持ちをわざと弄ぶこともあれば、カンシャクを起こして弟子の自尊心を傷つけることもあった。あるいは、怨念や妬みなどのマイナスの感情を持つこともあった。孔子は決して「完璧にして理想的な人間」ではなかったのである。彼は後世の人々が理想化したような「聖人」ではないのである。

では孔子はどういう人間かといえば、深淵なる理論を語る思想家や高邁な理念を掲げる理想家というよりも、現実の社会生活を穏便に送ることをつねに心掛けている一常識人なのである。それはわれわれ普通の人間でも即座に理解でき、誰もが頷くような常識論である。その一方、彼の常識論は、彼自身の波乱万丈の人生体験や多色多彩な職歴体験から得られた、人生や社会に対する深い洞察に基づいたものである。彼の常識論は「平凡な真理」と呼ぶべきであり、そうした「平凡な真理」が、大変有益な人生の指南、処世の指南、あるいは人間関係の指南、仕事上の指南となりうるのである。結論的にいえば、苦労の多い人生の経験と多分野で活躍したその職歴によって育まれた人生の達人にして知恵者、が孔子なのである。(48)

さて、儒教が誕生したのは漢代（前漢）だと考えられるが、その儒教は孔子と『論語』とはほとんど関係がなく、儒教が思想的影響を強く受けているのは戦国時代を生きた孟子と荀子である。

孟子の思想は「性善説」「四徳」「王道政治」である。「性善説」は孟子思想の根本原理である。孟子からすれば、人間の本性はもともと善であり、惻隠（あわれみ）、羞悪（恥の意識）、辞譲（へりくだり）、是非（正・不正の判断）の四端（徳に向かう四つの根源的感情）を持っている。人々がこの「四端」を養って拡充すれば、「仁・義・礼・智」の「四徳」が成立し、さらに人々が「四徳」に基づいて行動すれば社会が良くなって人民が幸せに暮らすことができる。そのためには、政治は「四徳」を基本にして人民を教化し、心の中の「四端」を自覚させて拡充させることを政策の基本とすべきである。そして孟子はこのような「徳に基づく政治」を「王道」と名付けて、「覇道」と呼ばれる「力に基づく政治」へのアンチ・テーゼとした。

他方、同じ儒学者でありながら、性善説の孟子とは正反対に、荀子は性悪説を唱えた。彼は、人間は本性が悪であるが、後天的な行為において善を目指して努力すれば、聖人にもなれると考えた。その一方、万民が性悪であるからこそ、道徳規範や制度（礼）を制定し、悪の発露と拡大を抑制し、万民を善なる道へと導くのが、天下の君主たちの務めであるという。荀子はこのような政治思想を名付けて「礼治」という。君主が「礼」（規範と制度）を用いて万民を「治める」のが「礼治」である。

孟子も荀子も一つの根本原理に基づく学問体系あるいは思想体系を築き上げ、一種の哲学・思想としての儒学を打ち立てたのであるが、孟子の「王道主義」も荀子の「礼治主義」も、両方とも「為政者が万民を導く」ことの必要性を説くものであるから、それが漢王朝以後の大帝国とその皇帝にとって都合の良い学問であることは自明のことである。孟子と荀子の儒学は、後世における儒教成立のための理論的準備と見るべきものである。しかし、どういうわけか孟子と荀子は、両者とも孔子を推奨し、孔子の思想的後継者と自任しているのである(49)。

それから後、漢の武帝の時代になると、董仲舒という儒学者が皇帝の地位とその絶対的な権力を正当化するためのイデオロギーを編み出した。董仲舒の理論の一つが「天人相関説」である。人間世界で起きているすべての出来事が、「天」と相関しており、すべては「天」の意志の現れであるということである。人間世界のすべてが「天」の意志によって支配されている、ということである。その一方で、天が人間世界を直接に支配するのではなく、その子供である「天子」、つまり皇帝を通して支配するとされた。この「天人相関説」は、実際には「天」の絶対的な権威を笠に着て、人間世界における天子＝皇帝の絶対的な権威の樹立を図ろうとしたのである。

董仲舒はさらに「性三品説」という理論を生み出した。「性三品説」とは、天下の人々の「性＝性質」を「上品」「中品」「下品」の三種類に分けて考えることである。「上品の性」と「下品の性」の生まれつきのもので永遠不変であるが、「中品の性」だけは教育によってより完全な「善」へ向かうことができる。人民の大半は「中品の性」の人々であって、教化されることによって善に向かうことのできる人たちである。これに対して、天の意志に従って万人を教化して「善」へと導くことを、「王」すなわち皇帝の使命だと董仲舒は規定だとした。つまり、天の権威を借りた形で万民に対する皇帝の絶対的優位を主張し、道徳論や教育論などの視点から皇帝の支配権を正当化しようとした。つまり、董仲舒によって、学問としての儒学は政治権力を正当化するためのイデオロギーとなり、後世にいう「儒教」になったのである。(50)

すでに述べたが、時代は下り、南宋の時代に朱子（朱熹）という東アジア儒教史上、影響力の高い人物が現れた。朱子学はどういうものだろうか。朱子学の中心概念が「理」である。「理」とは天地万物の生成・存立の根源である。それが人間を含めた森羅万象がよりどころとする根本的原理であり、仁義礼智信を内容とする最高の善でもある。「理」を基本原理とすることから、朱子学は別名「理学」とも呼ばれる。

その一方、朱子学は天地万物の構成元素である「気」の存在を認めている。「理」というのは存在物を存在物たらしめる形而上的原理であり、「気」とは物を作る形而下的な材料である。森羅万象のすべての存在は「理」と「気」によって形成されているのである。朱子学はこうした「理気二元論」をもって、宇宙生成から天変地異などの自然現象までをすべて説明している。

次に朱子学の人間論はどのようなものか。人間の心のあり方の説明に関して、朱子学が打ち出したのは、「本然の性」と「気質の性」という対概念である。「本然の性」は人間の心のの中に宿っている「理」そのものであり、純粋なる至善である。しかし、人間の心の中にある「理」は、実際は人間の「気」と一体となっている。「気」と一体化している人間の性は、「気質の性」なのである。

では人間はどうすれば「気質の性」から離れて「本然の性」に近づくことができるのか。そのために朱子学はいくつかの方法論を開発している。一つは「格物致知」あるいは「格物窮理」という方法である。「理」は人間だけでなく、天地万物の中に宿っている。したがって人間は、天地万物を観察・研究してその中に宿している「理」を極めることができれば、自分の心の中の「理」を再認識することもでき、自分の「本然の性」に立ち返ることができる。

もう一つの方法は「持敬」である。気質の性が動いて外物と接触したことから情と人欲が生じてきて人間が悪に走るのであれば、心の中の静止状態を保ち、気質の性がむやみに動き出すのを未然に防ぐことが、人間の修養法として大事なのである。

しかし、「格物致知」や「持敬」などは、一部の知的エリートあるいは読書人の世界の話であり、一般庶民には「格物致知」や「持敬」を実践する心と時間の余裕はない。そこで朱子学が提唱するのが「礼教社会」の実現である。礼節と道徳規範をもって庶民を教化し、彼らの行動を規制して彼らの心をその「本然の性」に目覚めさせて立ち返らせることが、「礼教」の役割である。「礼教」の第一の目標は、礼節と規範をもって、人の発する「情」を正しく規制し、「人欲」を封じ込めていくことなのである。このように、特権的読書人＝知的エリートのやるべきことは「格物致知」と「持敬」であるが、一般庶民に対する処方箋は「礼教」の実行によって人々の「情」を規制して、その心の中の「人欲」を滅ぼしていくことだとされた。

以上のように、朱子学は「理気二元論」を中核とする朱子学を打ち立てることによって、「存天理、滅人欲」（天理を存し、人欲を滅ぼす）を目標とする新儒教、すなわち「礼教」を打ち立てようとする学問なのである。

このようにして、朱子学と礼教は国家的教学とイデオロギーになったわけだが、明朝と清朝を合わせて、朱子学と礼教が五百数十年間にわたって中国社会と中国人の思想・倫理を支配した。朱子学と礼教によって統治された五百数十年間は、中国の民衆、とりわけ女性にとって長い受難の歳月だった。その理由は、朱子学と礼教の原理主義・厳格主義にあったのであり、「人欲」が「天理」への到達の妨げになっているなら、なんのためらいもなく「人欲」を圧殺すべきであると朱子学は考える。朱子学と礼教の世界では、夫の性欲を満足させてその後継を生み、そして子供を育てることが「道具」としての女性の役割であるが、夫が亡くなって子供もいないなら、この女性にはもはや生きる価値はない。

朱子学と礼教が盛んだった明清時代の中国社会では、夫に先立たれた女性ほど不幸なものはなかった。朱子学と礼教が殺そうとしているのは、人の情理であり、人の人間的欲求であった。彼女たちは死すべき存在であって、生きていたいという生存欲は最初から無視されているのである。朱子学と礼教は、中国五千年歴史の中で生まれた最悪にして最も非道な学問・イデオロギーである、と石平は述べる。

したがって、現代に生きるわれわれにとって、読む価値のあるものは孔子の『論語』であって、儒教や朱子学の類のものは何の意味もない。前漢から南宋期までの千数百年間は董仲舒流の儒教が中国社会を支配し、元朝から清末までの六百数十年間は朱子学と礼教が支配したわけだが、その間の中国は、まさに「悪の教説」の毒に酔って冒されているかのような異様な社会となっていったのである、と石平は論じる。(51)

## 四　結　語

石平は孔子や『論語』が前二世紀以後の政治的な儒教とはまったく異なっているとしたわけであるが、その孔子や『論語』を含めて、儒教はルサンチマン（復讐心）の宗教、あるいは怨念と復讐の宗教、と見なす学説も存在している。それは浅野裕一『儒教――怨念と復讐の宗教』（講談社、二〇一七年）である（もともと『儒教　ルサンチマンの宗教』平凡社　一九九九年に公刊されていたものである）。

浅野は孔子を含めて儒教が宗教であるとしている。ただし、儒教を生み出した情念がルサンチマンまたは怨念と復讐心であるという[52]。まず、孔子の履歴についてであるが、若年のころに微細な官吏となり、三十年の空白を経て、五十代前半に司法長官なったというのが、孔子の官僚としての履歴のすべてで、七十四年の生涯をほとんどを、無官の中に送ったというのであるが、実際には生涯を通じてまともな官職には就かなかった可能性が高い、としている。経世の才への溢れんばかりの自負。それにひきかえ、あまりにも惨めな無位無官の人生。鬱積する不満と苛立ち、位無きを患え、人知らずして恨み募る怨恨の炎。これこそが、生涯を通じて孔子の人生を彩った色調である、と浅野は述べる。

また、孔子は、語るに落ちる形で夏や殷の礼制に関する自分の学説には、ほとんど何の証拠もないと告白した。その一方で、夏や殷の礼制がいかなるものであったのか、自分は全部説明できると誇る以上、三代の礼制に関する孔子の学説は、ほとんどが彼が観念の中に作り上げた、空想の産物だと言う。

孔子は、自己を上天よりカリスマを与えられた特別な存在だと信じ、わが心の内なる周礼を地上に実現すべく、新王朝を開いて自ら天子たらんとする野望を抱いた。そのために孔子は、既存の体制がいかに無道の世であるかを強調しつつ、しきりに実体のない仁政を唱えて、理想国家の建設を吹聴してまわった。現実の世界を武力で変革するのは、政治力・経済力、軍事力といった具体的裏付けを必要とする難事業である。それに引き換え、眼前の世界の道徳的堕落を非難・攻撃して、それに代わるべき道徳的国家の建設を訴えるのは、口先一つで可能になる極めて安上がりな方法である、と浅野は論じる。

そして、孔子は自ら王者となって孔子王朝を開かんとする誇大妄想を抱き、野心が叶えられずに落魄の死を迎える。孔子はひたすらわが身の不遇を嘆き、後世多くの信者の同情を誘った。しかし、都を離れた小国・魯の、たかだか下士の倅ごときが、天子になり損ねたといってわが身の不幸を嘆くのは、そもそも傲慢であり、滑稽であろう、と浅野は評するのである。(53)

儒教は、我々にいかなる倫理・道徳を教えるというのか。我々が儒教から学ぶことができるのは、白を黒、黒を白と言いくるめるペテンの数々でしかない。儒者は二五〇〇年にも亘って大小さまざまな嘘をつく破目に陥った。儒者の偽装工作の動機は、教祖・孔子の詐欺師的人生と、儒教が掲げるうるわしい理念との間に横たわる溝を、粉飾と隠蔽によって埋めんとするところにあった。孔子の詐欺師的人生こそ、悪の元凶であった。儒教とは、一介の匹夫に過ぎぬ孔子が、実は孔子王朝を創始すべき無冠の王者（素王）であったと信じ、その教えに従うならば、中国世界に太平の世が到来すると信じる宗教である。一人の男の誇大妄想と怨念が、そして歴史的現実を否定して世界に復讐を遂げんとする暗い情熱が、この世に欺瞞と虚構に満ちた宗教、儒教を生み出した、と浅野は断じている。(54)

以上の浅野の説が述べているように、孔子は無冠の王者であり、中国に太平の世がやってくるという、誇大妄想癖の人物である、と見ることもできる。というか、それが最も事実に近いとも思われる。結局、孔子（『論語』）を含むか、否かは別にして、儒教が中国（中国世界の住人）の民族宗教であることは確かなようである。(55)そして、それは怨念とルサンチマンに満ち溢れており、隠蔽と欺瞞に彩られていたのである。

注

（1）中村圭史『教養としての宗教入門』中央公論新社、二〇一四年、一五頁、二〇頁。
（2）ひろさちや『仏教と儒教』新潮社、一九九九年、一八三頁。
（3）石平「孔子は儒教の創始者ではない」Voice（ボイス）、PHP研究所、二〇一九年五月号、一四九―一五〇頁。石平『なぜ論語は「善」なのに、儒教は「悪」なのか』PHP研究所、二〇一九年、一三九―一四〇頁。
（4）窪徳忠『道教の神々』講談社、一九九六年、六四頁。
（5）橋本大三郎『死の講義』ダイヤモンド社、二〇二〇年、一五六頁。なお、「儒学といった場合は、孔子にはじまり孟子、荀子といった先人の思想・学問を研究し、それを継承し発展させる学派」という意味になる。ひろさちや『仏教と儒教』、二五頁も参照。
（6）ひろさちや『仏教と儒教』一一五頁。ひろさちやも儒教が中国人の表の宗教（タテマエの宗教）で、道教が裏の宗教（ホンネの宗教）だと述べている。ひろさちや『仏教と儒教』五〇頁を参照。
（7）松本浩一『中国人の宗教・道教とは何か』ＰＨＰ研究所、二〇〇六年、一五四頁。
（8）神塚淑子『道教思想10講』岩波書店、二〇二〇年、二八頁。
（9）神塚淑子『道教思想10講』三二―三四頁。
（10）神塚淑子『道教思想10講』三五―三七頁
（11）神塚淑子『道教思想10講』六八頁。
（12）松本浩一『中国人の宗教・道教とは何か』一七頁、三〇頁。
（13）松本浩一『中国人の宗教・道教とは何か』一六頁、一八頁。なお、道教には「道士の道教」（成立道教）と「通俗道教」（民衆道教）という二つの道教があるとされる。しかし、両者の関係は密接かつ複雑であって、その境目を明確にはできない。道士の道教と一般民衆の道教の両方を見てゆくことが重要であるといえよう。窪徳忠『道教の神々』六五―七一頁を参照。
（14）窪徳忠『道教の神々』七四―七五頁。窪徳忠『道教百話』講談社、一九八九年、四三頁。

(15) 窪徳忠『道教の神々』七九頁。窪徳忠『道教百話』四四頁。なお、道教の儀式や儀礼は、そのほとんどが仏教からとったといってもいいくらい、よく似ているといわれる。
(16) 窪徳忠『道教の神々』八三―八五頁。窪徳忠『道教百話』四五―四九頁。
(17) 窪徳忠『道教の神々』八五―八七頁。窪徳忠『道教百話』四九―五〇頁。
(18) ひろさちや『やまと教』新潮社、二〇〇八年、五二―五三頁。ちなみに、本論で述べているように、ひろさちやは「儒教は宗教だ」と見なしている。ひろさちや『仏教と儒教』、二五頁を参照。
(19) 加地伸行『孔子』KADOKAWA、二〇一六年、四一頁、四五頁、五三頁。歴史の謎を探る会（編）『日本の三大宗教』河出書房新社、二〇〇五年、三八頁。
(20) 加地伸行『孔子』二三頁、四一頁、二六八頁。歴史の謎を探る会（編）『日本の三大宗教』四〇―四三頁。
(21) 加地伸行『儒教とは何か』中央公論新社、一九九〇年、五一―五四頁。
(22) 加地伸行『儒教とは何か』一七―一八頁。加地伸行『大人のための儒教塾』中央公論新社、二〇一八年、一二五―一二八頁。
(23) 加地伸行『沈黙の宗教――儒教』筑摩書房、二〇一一年、四三―四六頁。
(24) 加地伸行『儒教とは何か』二〇―二一頁。加地伸行『沈黙の宗教――儒教』二四〇頁。
(25) 加地伸行『儒教とは何か』五八―五九頁。
(26) 加地伸行『儒教とは何か』七八―七九頁。
(27) 加地伸行『儒教とは何か』八六頁。
(28) 加地伸行『儒教とは何か』九七頁。
(29) 加地伸行『儒教とは何か』一九五頁。
(30) 加地伸行『儒教とは何か』二二一頁。ちなみに、経学とは「聖人と関わり深い古典について解釈を加える学問」ということである。儒家の場合、自分たちの使っているテキスト本文を利用して新しく解釈を加えることによって、新しい時代に適応する意見を述べることが可能だった。しかし、そういうことを明け透けにいうのははばかられるので、〈古典の解釈〉という名目を立てたのである。『詩』を『詩経』、『書』を『書経』、『易』を『易経』といったように、「経」の字を付け加えてゆくようになったのは、〈経学〉の登場が原因であるとされる。「経」はまっすぐなタテ糸のことであり、まっすぐな正しいものという意味を表している。加地伸行『儒教とは何か』一二九―一三〇頁を参照。

(31) 加地伸行『儒教とは何か』一二四四頁。
(32) 歴史の謎を探る会（編）『日本の三大宗教』七二―七五頁。
(33) 歴史の謎を探る会（編）『日本の三大宗教』八三―八七頁。
(34) 窪徳忠『道教の神々』六三―六四頁。
(35) 坂出祥伸『道教とはなにか』筑摩書房、二〇一七年、一四―一五頁。
(36) 小口偉一・堀一郎（監修）『宗教学辞典』東京大学出版会、一九七三年、三六二―三六三頁。
(37) 石平『中国人は、なぜ「お金」しか信じないのか』KKベストセラーズ、二〇一五年、三二一―三四頁。
(38) 菊地章太『儒教・仏教・道教――東アジアの思想空間』講談社、二〇〇八年、一三頁、一八六頁。別の文献において菊地は同様なことを述べている。「儒教の本質をなすものは礼であるという。それはたんなる理念ではない。実践されるべきものである。礼の実践においてもっとも大事なのは、時をさだめて先祖の御霊をお祭りすることである。霊魂を祭祀する。それは霊魂の実在という信念にささえられた行為である。これが宗教でないとしたら何を宗教というのだろう」。菊地章太『日本人とキリスト教の奇妙な関係』KADOKAWA、二〇一五年、二一二―二一三頁を参照。
(39) 中村圭志『教養としての宗教入門』二二四―二二五頁。
(40) 陳舜臣『儒教三千年』朝日新聞社、一九九二年、五六―五七頁、六四頁。
(41) 橋爪大三郎『死の講義』ダイヤモンド社、二〇二〇年、一四〇―一四一頁。
(42) ひろさちや『やまと教』五〇頁。ひろさちや『仏教と儒教』二一―二五頁。
(43) 加地伸行『大人のための儒教塾』中央公論新社、二〇一八年、一五三頁。

(44) 加地伸行『儒教とは何か』二五二―二五三頁。
(45) 加地伸行『大人のための儒教塾』一四〇―一四一頁。
(46) 加地伸行『沈黙の宗教――儒教』八二頁。
(47) 加地伸行『大人のための儒教塾』二一五頁。
(48) 石平『なぜ論語は「善」なのに、儒教は「悪」なのか』二一七頁、四二―一〇〇頁、
(49) 石平『なぜ論語は「善」なのに、儒教は「悪」なのか』一〇二―一一三頁。
(50) 石平『なぜ論語は「善」なのに、儒教は「悪」なのか』一一八―一二三頁。儒教の国教化に伴って、儒教の経典である「五経」の制作が進められた。本章で述べたように、「五経」とは前漢時代に成立した「五経」のことであり、その中身は、『詩経』『書経』『易経』『礼教』『春秋』の五つである。

『詩経』は中国古代の詩集・民謡集であって周王朝初期の紀元前九世紀から前七世紀までの作品三千篇以上を収録したものである。この詩集・民謡集は儒学・儒教とは何の関係もない。しかし、『論語』の中には「孔子が詩三百編を選んで『詩経』を編纂した」というような話はどこにもない。「孔子が『詩経』を編纂した」ことを証明した史料は何もない。

『書経』はもともと『尚書』と呼ばれており、古代の帝王たちの詔勅や事績を集めたものである。『尚書』は孔子によって編纂された書物だが、秦の始皇帝の焚書でいったん失われた。漢代の初めに伏生という儒学者によってそれが復元された(今文尚書)。さらに漢の武帝の時に孔子の子孫の家だった壁に中から経典が発見されて、その中に『尚書』も含まれていた(古文尚書)という。しかし、漢代における今文尚書の「復元」にしても古文尚書の「発見」にしても、史実としての信憑性が乏しくて怪しい。そして、前漢以前の時代において、『尚書』に関する記録がどこにもない、ということである。『書経』という書物は、漢代の儒学者たちが孔子の名を借りて創作したものであると思われる。

『礼教』は周王朝の儀礼制度などを詳しく記録しているが、それらの儀礼制度は別に孔子が作ったものではない。

『易経』は、天文・地理・人事・物象を陰陽変化の原理に基づいて説明するという、一種の神秘主義的色彩の強い哲学書であった。つまり、易経は民間の占いの書であり、儒家とは関係のないものだった。『易経』の制作は孔子とまったく無関係なだけでなく、『易経』の思想は、『論語』の現れている思想とはまったく異なっているのである。

『春秋』は、孔子の手によって作られた、春秋時代における魯の国の年代記であるとされている。しかし、孔子が『春秋』を作ったという説は、孟子によって作られた嘘であるだけでなく、この孟子の作り話を受け継いだのが漢代の儒学者であった。孔子はまったく無関係の書物の著書にされてしまったのである。

要するに、このように成立した儒教は、春秋時代の孔子及び『論語』とは、まったく無関係なものである、ということである。そして、儒教の基本経典である「五経」が、孔子や『論語』とは無関係であるとしたら、孔子が儒教の始祖でないこと、及び『論語』が儒教とは無関係であることは自明のことである。儒教とは、孔子が没してから三百数十年後に、孔子とはまったく関係のないところで作られた一種の政治的イデオロギーであり、権力に奉仕するための御用学問なのである、と石平は述べている。石平『なぜ論語は「善」なのに、儒教は「悪」なのか』一二六―一四四頁を参照。

(51) 石平『なぜ論語は「善」なのに、儒教は「悪」なのか』一七〇―二五一頁。
(52) 浅野裕一『儒教――怨念と復讐の宗教』講談社、二〇一七年、一三頁。
(53) 浅野裕一『儒教――怨念と復讐の宗教』一七頁、二二頁、三六―三七頁、六八頁、七九頁、
(54) 浅野裕一『孔子神話――宗教としての儒教の形成』岩波書店、一九九七年、三一八―三一九頁。
(55) 浅野裕一『孔子神話――宗教としての儒教の形成』三一六―三一七頁。

# 第五章　融解する宗教

## はじめに

近年、宗教が少しずつ融解している。日本の場合、神道や仏教の衰退、創価学会、旧統一教会（現・世界平和統一家庭連合）、天理教、生長の家等のような新宗教の衰微、スピリチュアル・ブーム（スピリチュアル文化）の台頭等、に見られるように、宗教離れが進行している。では世界はどうだろうか。世界の宗教を考えてみる場合、おおよそ八つの宗教的伝統に分けることができる。すなわち、ユダヤ教、キリスト教、イスラム教、ヒンドゥー教、儒教、道教、仏教、神道の八つである。(1)まず、順にこれらの概要を見ていくことにする。そして、さしあたりこれらの宗教が今後どうなっていくかをとりあえず考えてみたいのである。

# 一　世界の各宗教

## (1) ユダヤ教

ユダヤ教はユダヤ人（ユダヤ教徒）が信じている宗教である。ユダヤ人はヤハウェという唯一神、すなわちただ一人の天地を創造した神を信奉する。この創造神はユダヤ民族を倫理的に導く神であり、民族の社会的正義に焦点がおかれている。そして、この神が自分たちの民族を選んで契約を結び、民族は神の戒律を守り、神は民族に保護を与える、といった契約を結んでいるとされる。つまり、ユダヤ教は一神教であり、ユダヤ人の民族宗教なのである。

神との戒律を書いたとされる古代の五つの文書を「律法」と呼ぶ。これに加えて、預言者の言葉を記したいくつかの文書である「預言者」と、その他の準聖典である十あまりの文書である「諸書」を合わせたもの、すなわち「律法・預言者・そして諸書」という文書群を経典とした。これを旧約聖書と呼ぶわけだが、ユダヤ教徒はタナハと称している。まとめると、ユダヤ教徒は唯一神との契約を結び、タナハ（旧約聖書）を教典としているのである[2]。

律法の五書は創世記、出エジプト記、レビ記、民数記、申命記の五つあるが、この五書はユダヤ教にとって最も重要な部分である。創世記は天地創造（神が六日間で天地を創造したという物語）、エデンの園とアダムとイヴの物語（人祖アダムとイヴが神の禁令を破って知恵の木の実を食べてしまったという物語）、ノアの洪水（世界は洪水にのまれてしまうのだが、正しい人間であるノアとその家族とあらゆる動物を雌雄ペアにして箱舟に乗せて助けた、という物語）、バベルの塔の崩壊（人間は天にも届く高い塔を建てようとしたので、その高慢に怒った神は、言語を混乱させ、完成を妨げたという物語）などが含まれている。

これに続く出エジプト記は、イスラエル民族がエジプトで奴隷状態になっていたのだが、神の命を受けたモーセの指揮により、カナンを目指して逃走、流浪する物語である。モーセはシナイ半島の山の中で戒律（「モーセの十戒」）を授けられたのである(3)。

預言書はモーセより後の世代のイスラエル民族の歴史のついての書物である。預言者とは「神の言葉を授かった者」という意味である。世の中に不正義がはびこっている時、神がかりしたシャーマン的な預言者が、神の正義に帰れと伝えたのである。重要なのは、掟を授かっておきながらその掟を守ろうとしないイスラエル民族を叱ったりなだめたりしたイザヤ、エレミヤ、エゼキエルなどの大預言者の言行録である。

諸書にはさまざまな文書が含まれる。詩編は神を賛美した歌を集めたものである。その他、寓話的なヨブ記や道徳的な教訓集な箴言や恋愛歌である雅歌など、雑多な書が含まれる(4)。

さて、「律法」はユダヤ教の宗教的・社会的な戒律の総体を指すものであるが、今日のユダヤ教徒が戒律のすべてを守っているわけでもない。たとえば、古代の神殿儀礼などに関する戒律は現代では行えないのである。また、超正統派、正統派、保守派、改革派の四つの宗派があるとされるが、超正統派は最も厳格に戒律を守る、正統派はなるべく守ろうとする、改革派は緩やかに解釈している、保

守派は正統派と改革派の中間である、とされる。(5)

戒律のうち、とくに安息日と食事の規定が重要になる。一週間に一度の安息日を遵守しなければいけない。安息日は金曜の夜から二四時間続く、労働をしてはいけない日のことである。ただし、戒律の順守は機械的であり、現代では電気のスイッチを入れたり、料理のコンロをひねったり、自動車の運転をしたりすることが禁じられる。また、ユダヤ教の食べ物の規定をカシュルートという。そこで食べてはいけないものとして、豚、ラクダ、馬、ウサギ、犬、猫、猛禽類、ダチョウ、イナゴ以外の昆虫、爬虫類、鱗の判然としない魚、貝類、イカ、エビ、カニなどがある。こうした食事規定は穢れの意識と結びついているということである。(6)

もう一つ重要な問題は、「割礼」ということである。それは男性のみに関わることであるが、生殖器の包皮を除去することである。ユダヤ教徒に改宗した場合、割礼を受けなければならないのである（ユダヤ教徒の家庭で生まれた人は生まれてすぐに割礼を受ける）。割礼を受けているということは、神によって認められた証であり、そこにユダヤ教の選民思想の根本があるとされる。

この割礼や安息日はユダヤ法に規定されていて、ユダヤ人が周囲に同化せず、そのアイデンティティを守り通すことに役立ったのである。割礼や安息日といったユダヤ法の縛りが関係していたがゆえに、ユダヤ教は大きくは広がらなかったのである。しかし、それはユダヤ人に対する差別を生むとともに、彼らを強く結束させることにつながったのである。(7)

## （2）キリスト教

次はキリスト教である。キリスト教はユダヤ教から派生した宗教である。旧約聖書の時代が後期になると、終末とメシア（救世主）への待望が高まってくる。ユダヤ教は神と契約と結んだのだが、社会は不正義に覆われ、貧困や苦悩に満ちあれていた。こうした不本意な事態を救ってくれるのがメシアである。そして、イエスと呼ばれる人物こそが待望のメシアであるという信仰が、紀元一世紀において成立した(8)。

イエスは二、三年の間、民衆に対して「神の国は近づいた」と説教し、数人の弟子を従え、信仰治療を行った。しかし、体制派に目をつけられて、ユダヤ人支配層の裁判にかけられ、反逆罪によって処刑された。当時の反逆罪の処刑法は十字架刑であった。処刑後にイエス・キリストは蘇ったという噂がたち、キリスト復活信仰は独立の宗教であるキリスト教になったのである(9)。

さて、キリスト教は旧約聖書と新約聖書を教典にしている。「旧約」という呼び名はユダヤ教から派生したキリスト教のものである。キリスト教はイエスと呼ばれるユダヤ教の宗教家を救世主として信じる人々の信仰集団（ユダヤ教の一宗派）から派生した。この宗派がユダヤ教から離れて独立のキリスト教になったのである。キリスト教の解釈からすると、神はもともとイスラエル民族と「旧い契約」を交したのであるが、救世主を、世に送り込む段になって、契約は更新されたのである。つまり「新しい契約」を結ぶことになったのだが、「新しい契約」ではキリストを信仰することで全人類が救われるのである。そこで、旧い契約にまつわる文書（ユダヤ教典）を旧約聖書、新しい契約にまつわる文書を新約聖書と呼んで、その両者をキリスト教の聖典としたのである。[10]

キリスト教に特徴的な教義の一つに「原罪」というものがある。これが聖職者に独身を要求する根拠となっているわけだが、それはキリスト教だけにみられる考え方である。教父のアウグスティヌスは、神に禁じられた木の実を食べてしまったアダムとイヴが、その直後に陰部を隠したため、性行為を行ったと捉え、その罪は遺伝を通じて後の人間すべてに及んでいるとした。人間はその誕生の直後に性行為を行うという罪を犯し、その罪は遺伝として後の人間すべてに及んでいるのである。このように、キリスト教では性を戒める原罪の教義が確立され、それが今日にまで受け継がれてくることになった。[11]

原罪の教義がキリスト教の根幹に位置づけられたのは、その反対側に「贖罪」があるからである。キリスト教はもともと終末論を強調する宗教だった。しかし、終末の予言は外れてしまう。キリスト教は予言が外れたとして、信仰を失う危険性に直面した。そこでキリスト教は「教会」を築くという方向性をとった。教会とは、信者たちの集まりの場、あるいは、礼拝の施設、といった意味である。しかし、それとともに、教会には贖罪の機能が備わっていることが強調されるのである。具体的には「七つの秘蹟」を定めた。七つの秘蹟は洗礼、堅信、聖体、告解（ゆるし）、病者の塗油、叙階、結婚からなっているが、日々の暮らしの中で犯した罪を懺悔し、神父を通して神からのゆるしを得るのが告解である。生まれながらにして罪深い人間にとって、罪からの救いを求めざるを得ないので、そうした役割を教会が果たしてくれるというわけである。[12]

キリスト教は三つの宗派に分かれている。すなわち、東方正教会、カトリック教会、プロテスタント教会の三つである。東方正教会はギリシア語版の聖書を用いるので、ギリシア正教ともいわれる。東方正教会は西アジア、ギリシア、ロシア、東ヨーロッパに広がっており、ローマ教皇の権威を認めなかったこともあり、全体を一つの組織に統合しなかったのである。カトリック教会はヨーロッパとアメリカ大陸に広がっている。カトリック教会はラテン語を教会の言語としているのだが、現在は各国語でミサ（カトリック教会でパンと葡萄酒を聖別化した、いわゆる最後の晩餐を伝承した聖餐式）を行っている。カトリック教会はミサなどの儀式を重視し、ヒエラルヒーを厳格に守る、集権的な組織であるといえる。プロテスタントは西ヨーロッパと北アメリカに勢力を広げている。プロテスタントはカトリック教会に抗議をした者たちが各種のプロテスタント教会を開いたものである。ルター派、カルヴァン派、バプテスト教会、メソジスト教会、英国国教会などがある。(13)

さて、ローマ帝国の存在はキリスト教を広めることに貢献した。キリスト教の権威を高める上で、聖職者が独身を保ったことが挙げられる。これによって、世俗の世界と神聖な世界がはっきりと区別されることになったからである。世界が聖と俗に二分されると、聖なる世界の方が俗なる世界よりも優位になるわけで、キリスト教の権威は高まっていくことになった。ローマ帝国が帝国統合の核としてキリスト教のような一神教を必要としたということは極めて重要であったといえよう。(14)

## (3) イスラム教

イスラム教はユダヤ教・キリスト教の影響の下に生まれた一神教である。儒教、仏教、ユダヤ教は紀元前に現れたのであるが、イスラム教が誕生したのは七世紀である。イスラム教徒は、聖書中の重要人物を預言者として尊び、ムハンマドを最後に現れた決定版預言者と考えている。彼らが考える預言者の中には、エデンの園のアダム、ユダヤの族長のアブラハム、神から十戒を授かったモーセ、キリスト教のイエスが含まれているが、このイエスに続く最後の預言者がムハンマドとされる。

ムハンマドは西暦五七〇年頃にアラビア半島の交易都市メッカの部族の一員として誕生した。ムハンマドの両親は彼が幼少時に亡くなっており、彼は孤児として祖父や叔父のもとで育てられた。ムハンマドは四十歳になる頃から、メッカ近郊の山で禁欲しながら瞑想を始めるのであった。そしてある日、洞窟で瞑想している時に天使ジブリール（ガブリエル）が現れて、神の言葉を誦することを命じた。この時を皮切りに神はムハンマドに言葉を授け、その総体がクルアーン（コーラン）となった。[15]

イスラム教がスンニ派とシーア派の二つの分派に分かれているのだが、ここではスンニ派の信仰対象と信仰行為である六信五行を述べていく。まず、信仰対象（イスラム教徒が信じる六つの信条）としての六信からいうと、それは、アッラー（神）、天使、啓典、使徒、来世、天命の六つである。

第一はアッラー（神）である。アッラーは全世界を創造して、それを統治する唯一の神であり、全世界に対して、絶対的な権能をもつ神である。また、生前の人間の行為を裁く、最後の審判の主宰者でもある。[16]

第二は天使である。天使はアッラーの創造物の一種で、光から成る、知性を持った存在とされる。天使は男性でも女性でもなく、飲食をせず、罪を犯すことがない。クルアーンには多くの天使が登場するが、頻出するのはジブリールだけである。そして、この天使ジブリールの役割が重要で、神は直接人間の前に現れることはなく、天使ジブリールが神の使いとして人間の前に現れるのである。つまり、天使ジブリールが預言者ムハンマドの前に現れ、神のメッセージを伝えたことが重要だとされるのである。(17)

第三は啓典である。「啓典とは、預言者ムハンマドに天使ジブリールを通して伝えられた神のメッセージのこと」を意味している。つまり、クルアーンのことである。(18)

第四は使徒である。預言者はアッラーから啓示を受けた者全員をいうのであるが、その預言者のうち啓典を携えてアッラーの教えを伝えるよう派遣された者を使徒と呼ぶ。つまり、預言者の中の一部の者が使徒だということができる。しかし、名のある預言者はすべて事実上使徒であるため、実際には預言者と使徒の語は互換的に使われる。そして、定冠詞をつけて「使徒」あるいは「アッラーの使徒」といった場合はムハンマドを指すのである。要するに使徒とはムハンマドのことなのである。ちなみに、ムハンマドは最後の預言者と位置づけられており、ムハンマド以降ふたたび預言者が現れることはない、といわれている。(19)

第五は来世である。来世とは死後の世界、永遠の来世のことで、アッラーによる審判や、その後の楽園や火獄での生のことである。つまり、来世とは天国や地獄のことを指している。最後の審判が訪

れると、神によって裁きが行われ、正しい行いをしてきた者は天国に、悪い行いをしてきた者は地獄に送られるのである。(20)

第六は天命（定命）である。天命とはアッラーによる定めのことである。この世界に起こるあらゆることは、アッラーの定めによるということである。言い換えると、天命とは、人間の運命はすべて神によって定められているということを意味している。ただし、そうなると人間にはまったく主体性がなくなってしまうのだが、逆に、神にすべてを委ねていればいいわけなので、安心して生きることができるともいえる。(21)

つぎに信仰行為（イスラム教徒が実行すべき五つの行）としての五行である。それは信仰告白、礼拝、喜捨、斎戒（＝断食）、巡礼の五つである。

第一は信仰告白である。「アッラーの他に神はないと私は証言する。そして私はムハンマドがアッラーの遣いであると証言する」という言葉である。これを二名のイスラム教徒の前で言えば、その人はイスラム教徒として認められるのである。(22)

第二は礼拝である。礼拝とは「一日五回の義務の礼拝のこと」である。ただし、その場合、礼拝には方角と時間が重要である。モスクに行けばメッカの方角がはっきりと示されている。また、時間についても今ではインターネット上に地域別に礼拝の時間が掲載されているので、信者はそれに従えばよいということである。さらに日課の五回の礼拝に加えて、金曜日の集合礼拝、二大祭の礼拝、雨乞いの礼拝などもある。(23)

第三は喜捨である。喜捨とは所有している財産の一定の割合を貧者に施すことをいう。ただ、イスラム教では義務の喜捨と任意の喜捨が区別されている。前者は定めの喜捨（ザカート）といって自分が上げた収益の中から一定の率を差し出すことをいう。後者のサダカは「自発的な喜捨」である。こちらは財を差し出したり、食事を提供したり、さまざまな親切をすることでもよい。ザカートは、一度、政府や諸機関などに差し出されたものが弱者に配分されるが、サダカは直接、相手に対して行う。したがって、サダカは身近に感じる親切なのである。つまり、善い行いのすべてがサダカなのである[24]。

第四は斎戒（＝断食）である。斎戒はイスラム歴のラマダーン月の日中の間、断食をすることである。その場合、食べないというだけではなく、水も飲まず、喫煙や性交もしないのである。イスラムの断食はあらゆる欲望を断つことを意味するのである[25]。

第五は巡礼である。巡礼とは、一生に最低一度、行ける人はメッカに巡礼に行くことを意味する。ただ、二〇二二年現在、イスラム教徒は世界でおよそ一九億四〇〇〇万人だとされるが、実際に巡礼できる人間の数は二〇〇～二五〇万人程度に制限されている。イスラム教徒全員が生涯をかけても訪れることはできない。巡礼を果たすことはとても名誉なことなのである[26]。

さらに六信五行以外にイスラム教を理解する上で知っておくべきことは、シャリーア（イスラム法）の存在である。その範囲は、六信五行以外に、沐浴、葬礼、売買、遺贈、人頭税、地租、婚姻、扶養以外に、離婚、裁判などに関わっている。シャリーアのもとになっているのが法源であるが、その根源にあるのがクアルーンとムハンマドの言行録であるハディースである。つまり、イスラム教においては、聖典がはっきりしており、クルアーンとハディースが基本にあり、イスラム教徒がそれに基づいて生活するシャリーア（イスラム法）の根本にもクルアーンとハディースがあるのである。[27]

## （4）ヒンドゥー教

ユダヤ教、キリスト教、イスラム教は一神教であり、名前は違うが同一の神を奉じる兄弟宗教であった。それらに対して、ヒンドゥー教、仏教、儒教、道教、神道は多神教である。それでは次にヒンドゥー教について述べていく。

ヒンドゥー教はインド国民の約八割が信奉するインドの民族宗教である。ただし、インド以外にもバングラディシュ、スリランカ、ネパール、インドネシア（のバリ島）などにもヒンドゥー教徒がいる。ヒンドゥー教徒は世界で一〇億人以上の人口規模を擁し、キリスト教徒、イスラム教徒に次いで、三番目に大きな集団をなしている。[28]

ヒンドゥー教には特定の開祖が存在しない。多くの宗教的信仰や哲学学派が一つに合流してできたものがヒンドゥー教である。[29] ヒンドゥー教は紀元前一五〇〇年ごろにインドに侵入してきたアーリア人が信奉していた宗教に、もともとインドに住んでいたドラヴィダ系の人々の民間信仰や習俗を取り入れて融合した宗教である。その意味で、ヒンドゥー教は宗教に収まらないインド文化そのものを指しており、「インド教」という言葉がより正鵠を得ているといえよう。[30]

アーリア人たちはヴェーダを携えてインドに侵入してきた。ヴェーダとは紀元前一五〇〇年から約一〇〇〇年間に及び作り続けられた神聖な書で、その中にはアーリア人の神話、神々への賛歌、神々を祀る祭式の意義や方法などが記されていた。アーリア人たちはこのヴェーダを典拠として「ヴェーダ教」を確立した。これがヒンドゥー教の原初的な形態である(31)。

ヴェーダは『リグ・ヴェーダ』『サーマ・ヴェーダ』『ヤジュル・ヴェーダ』『アタルヴァ・ヴェーダ』の四つの部分からなっている。また、それぞれに本体に「ブラーフマナ」「アーラニヤカ」「ウパニシャッド」という付属の文献が作られた。

『リグ・ヴェーダ』は最も早く成立したもので、宇宙創造の神話や神々の来歴、神々に対する賛歌などが収められている。『サーマ・ヴェーダ』は神々などへの賛歌を収録したものである。『ヤジュル・ヴェーダ』は祭式で上奏される「ヤジュル（祭詞）」という、祝詞のようなものを収録している。『アタルヴァ・ヴェーダ』は古くはヴェーダとして認められていなかったが、紀元前五〇〇年ごろからその存在が認められるようになり、四ヴェーダの一つに数えられている。「アタルヴァ」の名称は「アタルヴァン」という非アーリア系の種族名に由来し、このアタルヴァン族が伝持していた聖典と考えられている(32)。

四ヴェーダの注釈書が「ブラーフマナ」で、紀元前九〇〇年から紀元前五〇〇年の間に作られたと考えられている。ブラーフマナ文献によって、ブラフマンは宇宙の根源であり、すべてのものはブラフマンから生まれてブラフマンに還ると説かれた。「アーラニヤカ」においては、師が森の奥深くで弟子に伝授する秘法が述べられている。

ウパニシャッドは秘密の教えを伝授してくれるグル（精神的導師）の「近くに座る」という意味と解されている。紀元前八〇〇年ごろから五〇〇年ごろに古層の「古ウパニシャッド」が作られたと見られ、その後、一六世紀に至るまで二〇〇以上のウパニシャッドが作成され、その総称をウパニシャッドと呼んでいる。

もともと、ヴェーダ教は神々に天地創造や宇宙の根源について問うことから始まったが、神々に問いかけ、有効な答えを得るためには、作法、祭式が重要視されるようになった。しかし、祭式を執行する司祭（バラモン）が祭式の遵守のみに力を注ぎ、天地創造や宇宙の根元の問題を等閑に付してしまった。これに疑問を持った一部のバラモンたちがその探求を始め、そこにウパニシャッドの哲学が形成されたのである。

ウパニシャッドの哲学において探求されたのは、宇宙の根源としてのブラフマン〈梵〉と人間の本質としてのアートマン〈我〉の問題である。そこでは、ブラフマンから人間を含めたすべての存在が生み出され、再びブラフマンに還ると考えられた。そして、個人の本質としてのアートマンは、もともとブラフマンから生成したものであるから、両者は同質であると考えた。ここにウパニシャッド哲学の「梵我一如《ぼんがいちによ》」の思想が生まれ、さらに「不二一元論《ふにいちげんろん》」の基が形成された。また、「輪廻」や「業」の探求もウパニシャッドで行われた。「輪廻」とは、人は死んでも生まれ変わるというものである。つまり、生と死を繰り返すことである。生まれ変わりの原因となるのが、人間のさまざまな行い、すなわち「業」であると考えられた。ただし、人間はつねに幸せな身の上に生まれ変わるとは限らない。

それゆえ、「輪廻」は人間の苦しみの原因になるのである。その「輪廻」の連鎖から解放されることが人生の究極の課題となるのである。その解放されることを「解脱」というのである。[33]

さて、ヒンドゥー教には三大神格があって、それはブラフマー神、シヴァ神、ヴィシュヌ神の三つである。ブラフマーはすべての神の生みの親と考えられ、シヴァやヴィシュヌとともにヒンドゥー教の最高神として信仰された。ヒンドゥー教ではブラフマーとシヴァとヴィシュヌは一体であるとする「三神一体」がとなえられ、一つの神から現れる三つの様相であるとされる。すなわち、ブラフマーが宇宙を創造し、ヴィシュヌが維持し、シヴァが破壊すると考えられるようになった。

三神のうちブラフマーは人格的要素が希薄だったため、あまり人々に親しまれなかった。それに対して、シヴァやヴィシュヌは神話や伝説、『マハーバーラタ』や『ラーマーヤナ』などの叙事詩を通じて人格化され、一般民衆にも親しみやすい存在になっていった。現在もヒンドゥー教徒の勢力を二分している、ヴィシュヌ派とシヴァ派という分派を形成しているのである。シヴァは狂暴、陰惨、憤怒という破壊的な性質を持っており、ヴィシュヌはあらゆる事物に依り付いて個々の姿をとり、さまざまな変化相を現すと考えられた。[34]

ところで、ヒンドゥー教の教義では、人間の理想的な一生は四つの段階（四住期）からなっていると考えられている。つまり、人生を「学生期《がくしょうき》」「家住期」「林住期」「遊行期」の四つの時期に分け、それぞれの時期における生活や義務を定めたインド特有の人生計画である。「学生期」は訓練と教育の期間、「家住期」は一家の主人となり社会で積極的に活動する期間、「林住期」は俗世との縁を断って

森に退く期間、「遊行期」は隠者となる期間である。(35)

もう一つヒンドゥー教徒において特徴的なことはカースト制度である。理論上は四つのカーストのみが存在することになっている。すなわち、バラモン、つまり司祭者、宗教教師、クシャトリヤ、つまり王族、武士、貴族、ヴァイシュヤ、つまり庶民（貿易業者、商人、農民その他の職業の者）、シュードラ、つまり隷民、（農奴、召使い）である。

この四階級の中でもさらにジャーティ（氏素性、生まれ育ち）によって無数の上下関係が生じている。また、カースト制度は四階級では収まらず、無限の広がりを見せている。そしてこの四階級のほかに膨大な数の「アチュート」「ダリット」もしくは「アウトカースト」が存在している。現在も約二億人の不可触民が極度の貧困に喘ぎながら生き続けているという。

さらに三つ目にヒンドゥー教に特質的なものを挙げるとすれば、それはバクティである。バクティは「信愛」と訳され、シヴァ神やヴィシュヌ神に絶対的に帰依することを意味する。バクティはもともと非アーリア系の人たちの信仰だったのだが、ヒンドゥー教の時代になると、より人格的で親しみやすいシヴァ神やヴィシュヌ神などに信仰の対象が移っていったのである。(36)

## （5）道教と儒教

次は中国の道教と儒教についてであるが、ここでは両者を一緒に扱うことにしたい。というのも、じつは道教と儒教がワン・セットになることによって、中国人の中国人らしい生き方が示されるのであって、「一つだけでは生き方はわからない」からである。

儒教、すなわち孔子の教えは「支配階級に属する人間」のみに向けられていた。一般庶民については、孔子はあまり触れていない。では被支配階級はどうなるのか。それは一般庶民への教えとしての道教が担っていたのである。道教は「老子を教祖と仰いで」いる。「そこで教えられている人間としての生き方は、無為自然の状態への復帰で」ある。「政治権力から離れて、幼児のごとく柔軟に生きる生活態度が理想とされる」のである。とすると「われわれは儒教プラス道教をもって、中国人の民族宗教としたほうが」よい。つまり「支配階級の宗教である儒教と、被支配階級の宗教である道教がワン・セットになって一つの民族宗教になっている」のである[37]。

東アジアの心と社会をリードしてきたのは儒教であり、他方、民間の神々の信仰が、紀元二世紀頃から道教として組織されるようになっている。儒教と道教は、それぞれ公と私、エリートと民衆など、世の中の陰陽二局面を代表しながら、相補的な形で発展を続けたといえるのである[38]。

それでは道教から見てゆこう。まず、道教の「道」とは何だろうか。道教は「道との一体化を達成し、永生不死を得ることを目指すというはっきりとした目的を」持っているという。また、「道教は、不老不死を得て『道』と合一することを究極の理想として掲げているが、その道というのは、『老子』に説かれる『道』で」あるという[39]。

そして、「『老子』の『道』は、天地万物の根源に関わる哲学的な概念」だとされる。すなわち、「『道』は天地万物が生ずる以前の元始の時間、根源の世界に関わるもの」であり、さらに、「『道』は視覚・聴覚・触覚によってとらえられないものであり、人間が把捉しうる姿かたちを超えたところの『無状の状、無物の象』で、恍惚としておぼろげなものである」[40]。また、「『道』は万物の根源であると同時に、万物すべてに内在する普遍性をも持っている」という。つまり、「『老子』の『道』は、人間の言語や感覚によっては把捉しがたい超越的なものである。そして、『老子』は、その『道』が世界の根源となり、『道→一→二→三→万物』という順で天地万物が生成した」と述べているのである[41]。

次に道教の始まりはいつかということである。魏晋南北朝時代以前の後漢（二五〜二二〇）には道教の先駆けとなる二つの宗教教団が誕生した。それが太平道と五斗米道である。そして、道教が教団としての形を整え、その経典が生み出されたのは、魏晋南北朝（二二〇〜五八九）の時代である、とされる[42]。

さて、道教にもお寺のようなものがあり、それを道観と呼ぶ。そして、道観という施設に寝泊まりし、仙人を目指して修行に励む人を道士と呼ぶ（もちろん、出家主義を取らない道士もいる）。また、道教の修行法を説いた経典は道蔵と呼ばれる膨大な叢書としてまとめられている[43]。

道教の内容は、教学、方術、医療、倫理の四部門に分けることができる。第一の教学部門とは、「宇宙生成観、万物の根本とされている『道』のおこりとその展開、天界や地獄の種類と様子、神々や仙人などの説明である」[44]。第二の方学部門とは「中国古代の巫や方士などがやったさまざまな呪術的方法の総称」であり、この部門には呪い、おふだ、星占い、予言、お祓いや祈禱の儀礼、などがある。第三の医術部門には、養生術や治病法や薬剤などが含まれている。道教の主な目的が不老長生におかれているので、この部門はとくに重要視されている。第四の倫理部門は、「徳や善を積むこと、戒律、清規などがふくまれる」わけだが「その倫理が長生きと結びつけられているところが、特長である」とされる(45)。

次は儒教について述べる。孔子が儒教の開祖とされている。孔子は中国の春秋時代に魯国（現在の山東省）の曲阜で生まれた。紀元前五五一年（紀元前五五二年という説もある）から紀元前四七九年に生きていたとされる。『論語』は孔子と弟子の言行録を孔子の死後まとめたものである(46)。

儒教を三つの時代に分けて考察してみたい。すなわち、(一)原儒時代、(二)儒教成立時代、(三)経学時代及び儒教内面化時代、に区分して論じたい。

はじめに、(一)原儒時代であるが、「孔子に始まる儒教、原始体系を持った儒教が登場する前、その母胎があった」のである。その母胎を原儒と呼ぶのである。つまり、孔子以前の儒のことを原儒ということができる(47)。

〈儒〉もしくは原儒は、人間を精神と肉体とに分けて精神の主宰者（＝魂）と肉体の主宰者（＝魄）があると考えた。そして、この魂・魄が一致している時を生きているとするのであり、逆に、魂と魄とが分離する時が死の状態であるとするのである。つまり、死の状態において魂は天上に、魄は地下にいくのである。死ねば魂・魄は分離し、それぞれ天上と地下に行く。とすると、理論的には、離れたものは再び結びつけることができる。そこで、分かれた魂・魄を再び結びつけることによって、〈この世〉に再生が可能だと儒は考えた。具体的には、もとのところに魂を召喚し、魄を復帰させること、すなわち、招魂復魄の儀式を行うことである。こうして魂・魄が融合し共存する。それは死者が〈この世〉に再び現れることである（招魂再生）[48]。

次に㈡儒教成立時代であるが、㈠原儒時代にシャーマニズムを基礎とした〈孝〉という考え方があった。孔子が登場して、それを生命論として自覚して統合してゆく中で、儒教が成立してゆく。つまり、〈孝〉とは生命の連続を自覚することであり、(1)祖先の祭祀（招魂儀礼　(2)父母への敬愛　(3)子孫を生むこと　の三者をひっくるめて〈孝〉と考えた。子孫・一族の祭祀によって、この世に再生することが可能となる。〈孝〉の行いをつうじて、自分の生命が永遠であることの可能性に触れるのである。この生命論こそが〈孝〉の本質である。儒は、招魂儀礼という古今東西に存在する呪術を生命論に構成し、死の恐怖や不安を解消する説明を行うことに成功した[49]。

さて、儒においては、宗教性と礼教性（道徳性）が密着していた。しかし、孔子は儒を君主儒と小子儒に分けた。つまり、儒には王朝の祭祀儀礼などに関わりのある知識人系上層の儒と、祈禱や葬儀を担当するシャーマン系下層の儒がある。そして、宗教性を中心とする小子儒ではなくて、礼教性（道徳性）を中心とする君主儒となることをめざしていた。したがって、㈡の儒教成立時代は宗教性と礼教性（道徳性）とが分離する傾向が見られるのである。そして、次の経学時代以降になると、この分離の傾向がいっそう激しくなるというわけである[50]。

次に㈢経学時代及び儒教内面化時代である。儒教は後漢時代の後半から仏教と道教という二つの宗教と対峙することになった。儒教・道教・仏教が鼎立した論争から六〇〇～七〇〇年続いたあと、一一世紀の宋代になって、儒教側から宇宙論・形而上学に弱かった点を補おうとするようになった。その中心人物が朱子学を開いた朱子（朱熹）であった。朱子学の最大特長は従来の儒学理論体系に宇宙論・形而上学を重ねたことだという。つまり、朱子学以前の経学は、生命論としての孝・家族論・政治論（すなわち、宗教性と道徳性）までを扱っていたが、朱子学はさらに宇宙論と形而上学すなわち哲学性を加えたのである[51]。

朱子学以後の近世において、中国社会に影響を与えていったのは朱子学であった。しかし、科挙廃止の年（一九〇五年）に始まり、辛亥革命（一九一一年）によって清王朝が倒れることをもって、王朝体制と不可分の関係にあった経学の時代が終わったのである。この経学の終焉とともに、朱子学も急速に力を失っていったのである[52]。

結局、儒教は道徳性（礼教性）と宗教性から成り立っており、㈠の原儒時代（前六世紀以前）は道徳性と宗教性との混淆時代だといえる。㈡の儒教成立時代（前六世紀～前二世紀）は道徳性と宗教性の二重構造の成立時代といえよう。そして、㈢の経学時代（前二世紀～二〇世紀）及び儒教内面化時代（現代～未来）は、道徳性と宗教性の分裂とその進行の時代であるといえる[53]。

## (6) 仏教

次は仏教である。仏教は釈迦（仏陀）という開祖がいると考えられている。しかし、「釈迦が現実に存在したかどうかが疑わしい」のである。(54) 一応、現在の研究では、釈迦はインドの北部にあったマガダ国で生まれ、その国語を使ったと考えられている。その経典はマガダ語に近いパーリ語で書かれた「パーリ（語）仏典」と呼ばれている。だが、パーリ仏典か日本語に翻訳されたのは昭和の時代に入ってからである。日本の仏教は中国の仏教に由来しているが、インドから中国に伝えられたのは「パーリ仏典ではなく、サンスクリット語で記された『大乗仏典』だった」のである。パーリ仏典は現代の日本では「原始仏典」と呼ばれることが多い。「日本人は仏教を最初にときからずっと大乗仏典には親しんできたものの、原始仏典については、その存在すら知らなかった」のであり、明治時代に入り、欧米の仏教研究に接するようになって、初めて原始仏典のことを知るようになったのである。

仏教の歴史を説明することが難しいのは、仏教を生んだインド人が歴史に関心を持たなかったからだ、とされる。それゆえ「釈迦が生きていた時代がいったいいつなのか、仏典は原始仏典にしても、大乗仏典にしても、いったいいつ成立したのか、それがはっきりしないのだ」というわけである。釈迦の教えはパーリ仏典の一つ、『スッタニパータ』に説かれている。『スッタニパータ』はパーリ仏典の中でもっとも古いものとされている。「その点で、『スッタニパータ』は、仏教の原点に位置している仏典ということになる」。ところが、日本の各宗派の宗祖たちは、『スッタニパータ』の存在すら知らなかったのだから、『スッタニパータ』を用いるところはない。日本の仏教各派が信仰の対象としているのは釈迦が亡くなってから数百年後に編纂されたと思われる大乗仏典なのである。宗教は、キリスト教やイスラム教のように開祖が説いた教えがもとになっているが、仏教には必ずしもそれがあてはまらないのである。[55]

本当に需要なのは説いた教えではなく、釈迦が悟りを開いたという出来事の方であるということである。仏教は、キリスト教やイスラム教のように原典にあたる聖典をもっとも重視する宗教とはいえない。仏教は、釈迦の悟りの内容を探求し続けていく試みである、といえる。

そして、釈迦自身の問題に戻れば、歴史的な人物としての釈迦がどういった生涯を送ったのかは明らかになっていないのである。『スッタニパータ』において、仏陀（悟りを開いた人）という言葉は、単数形ではなく、「仏陀たち」という複数形で表現されていた。仏陀になったのは、釈迦ひとりだけではなかったといわれる。つまり、釈迦という一人の人物が存在し、その生涯を歩んだというのは確かなことではない。釈迦は架空の人物であった可能性があるのである。釈迦は架空の存在で、釈迦について語る物語が仏伝というわけだが、それが成立することで、実在したと考えられるようになった可能性が高いのである。「釈迦は時間をかけて究極の悟りを開いた一人の偉大な人物として作り上げられていった」ということであり、仏伝は一人の人物の物語としてまとめあげられていったのである。[56]

仏教は釈迦の死後、さまざまな地域に伝わったわけだが、今日それは二つの仏教に区分される。すなわち、上座部仏教と大乗仏教である。上座部仏教は、スリランカ、ミャンマー、タイ、ラオス、カンボジアに伝わった仏教である。大乗仏教は、ブータンやネパール、そして中国、ベトナム、韓国、日本に伝わった仏教である。両者の基本的な違いは、大乗仏教がサンスクリット語の仏典に基づいているのに対し、上座部仏教はパーリ仏典の仏典に依拠している点にある。

まず、上座部仏教は出家ということが重要視される。僧侶は修行と教えの研鑽に専念する。その生活は在家信者によって支えられる。僧侶は、朝、寺院を出て周辺の地域を托鉢してまわる。そして、在家の信者たちが沿道で待ち受けていて、僧侶に食事を捧げるのである。僧侶はそれを寺院に持ち帰り、一日の食事とするのである。このように、上座部仏教は出家が基本となっている。(57)

言い換えれば、スリランカやタイの上座部仏教は原始仏教の修行システムを受け継いでいる。僧侶は種々の戒律に従って教団内で修行をして暮らす。在家の一般信徒は、僧侶たちの生活を経済的に支える。上座部仏教の特徴は、出家者がたくさんの戒律をきちんと守ることである。多くの戒律を身につけ、性交も慎み、金銭にも触れず、俗社会の利害関係から自由になることにより、出家者は倫理の鑑となる。これにより在家者の尊崇を受け、教団は托鉢や寄進などを通じて、経済的に支えられる、というわけである。(58)

大乗仏教はインドで紀元前後にはじまり、そこで大乗仏典が生み出されていったとされる。その特色として、（利己主義に対する）利他主義、（出家主義に対する）在家主義などがあげられるが、これらは現在でも議論が分かれるところである。では大乗仏教は上座部仏教のどこを批判しているのか。原始仏教の縁起説は人間を迷いや悩みをどういった過程を経て生まれてくるかを説明したものであるが、縁起説は人間の迷いや悩みをもつのは、人間が根本的に無知だからだとする。したがって、縁起説の立場に立ってみると、根本的な無知から脱する必要がある。しかし、大乗仏教の経典である『般若心経』（あるいは般若経典一般）にはそうした縁起説はなく、そのようなものは成り立たないと主張している。

『般若心経』には空の教えが説かれている。空の教えは、私たちが見ていること、感じていることなどが、実は実態がないことを説いている。さまざまな物事が空であると分かれば、とらわれから解放され、煩悩が消滅する。空の教えによって、上座部仏教の基本的な教えを否定している。上座部仏教では本当の悟りは訪れないというのである[59]。

この後、大乗仏教は中国に伝わったわけだが、二つのことが中国において改変された。一つは輪廻思想である。インドの人々は、輪廻の繰り返しから逃れるために出家し、修行する道を選んだ。輪廻によって生まれかわることは苦の根源なのである。それに対して、中国の人々は死の先にあるものは浄土だった。つまり、中国の人々は、浄土に生まれ変わることができると考えたのである。生まれ変わりは苦なのか、それとも生まれ変わることで究極の安楽を手に入れることができるのか、という点に、インドと中国の来世に関する捉え方の違いがあった。

中国において、真経（サンスクリット語から翻訳された経典）と偽経（中国、中央アジア、韓国、日本で作られた経典）があるが、偽経の代表に『盂蘭盆経』がある。『盂蘭盆経』で示された考え方は、子どもが親の死後のあり方を心配し、苦しみから解放されることを願うもので、中国の孝の考え方に基づいている。これはインドにはない中国特有の発想である。偽経が生まれることで、仏教は中国においてかなり変容した。それはインド仏教の根幹にある輪廻の考え方を大きく変えたという意味で「変質」したといえる。その点で、インド仏教と中国仏教とは同じものとは言えなくなったのである[60]。

中国仏教の改変点として二つ目は「宗派」というものがある。「宗派」としてあげられるのは「天台宗」「三論宗」「唯識宗」「華厳宗」「律宗」「密宗（密教）」「禅宗」「浄土宗」であり、これらは「八大宗派」と呼ばれた（中国で生まれた宗派は、学派としての性格が強く、個々に教団を組織する日本の宗派とは異なっている）[61]。

最後に現在の日本の仏教について述べると、日本の仏教はインド仏教の影響を受けていない。インド仏教が本格的に日本に伝えられるようになったのは明治時代になってからである。日本仏教の中心は、中国から伝来した宗派仏教であり、その伝統は明治以降も変わらなかったのである[62]。

日本の宗派仏教に関していえば、おおよそ四つのセクションに分けることができる。一つ目は密教であり、それは真言宗と天台宗である。呪術的な儀礼を行うのが密教である。二つ目は禅宗である。臨済宗、曹洞宗、黄檗宗がそうである。座禅を重んじ、自力の修行に徹するのが禅宗である。三つ目は浄土信仰である。浄土宗、浄土真宗、融通念仏宗、時宗がそうである。他力の信仰に徹するのが浄土信仰である。四つ目が法華信仰である。天台宗、日蓮宗がそうである。社会の浄土化に努めるのが法華信仰である。こうした四つの分業が日本仏教の特色であるともいえる[63]。

## （7）神道

神道は日本の民族宗教である。神道が日本にしか存在しない土着の宗教であることは間違いがない。そして、それがまれに見るほどシンプルな宗教であるがゆえに、逆に神道に関する説明が難しいとされる。神道には開祖にあたるような人物がいない。そして、神道では教義というものがほとんど発達していない。さらに、神道における救いが曖昧である、もしくは、神道には救いの部分が欠落している。つまり、開祖も、教義も、救済もない宗教、それが神道なのである。(64)

さて、開祖も教義も救済もないということからすると、もともとは神社もないと考える必要がある。神道祭祀のはじまりとして宗像市の沖ノ島と奈良の三輪山があげられる。沖ノ島は絶海の孤島であるが、最初、祭祀は島の中にある巨大な岩の上で行われていた。沖ノ島の祭祀は一貫して屋外で営まれ、神殿のような建物の中では行われなかった。また、三輪山は山全体がご神体と見なされており、そこには拝殿はあっても本殿はない。三輪山自体がご神体であり、改めて本殿を建てる必要がないのである。このように、沖ノ島や三輪山では、どちらも祭祀は屋外の岩のところで行われていた。それゆえ、社殿は存在しなかったのである。要するに、社殿がないのが神道のもともとの姿なのである。(65)

では、現存する神社建築として、もっとも古いものはなにか。それは京都の宇治にある宇治上神社の本殿である。本殿の創建は一〇六〇年頃とされている。寺院建築でもっとも古いものは奈良の法隆寺の金堂であり、こちらは七世紀後半に建てられたとされている。宇治上神社が建てられたのは一一世紀後半なので、そこには四世紀の開きがある。もっとも、宇治上神社以前に神社建築が存在しなかったというわけではないが、その姿を確かめることは難しい。

確かに現在ではどの神社でも社殿が建っている。しかし、おそらく最初の神社建築は小さな祠程度のものであったと考えられる。それから寺社建築を真似るような形で、小規模の単純な形の社殿が建てられ、さらには寺院建築との違いを明確にするために、屋根の上に千木や鰹木が設けられるように

なり、さまざまな形式の神社が作られるようになったと思われるのである。(66)

さて、神社がそうであるように、神主ももともと必要だとされなかった。そもそも神社は祭りのための場であり、祭祀の時にだけ祭り手がいればいいのである。たとえば、祭りがはじまる際に、最初に神主がお祓いをするのだが、神主の役割はそれだけで、以降の祭りにはまったく関わっていなかった。村にある神社の場合、少なくとも近代以前には定まった神主はいなかった。村の神社にどこにも神主がいるようになったのは、明治時代になって、神社が国家の管理下におかれてからである。

神との出会いを必要としているのは一般の人間である。実際、現在各地で行われている祭りで主役を演じるのは神主ではなく、氏子の方である。その意味で、氏神を祀る責任は氏子にあるのである。

仏教の僧侶は礼拝や祈願だけでなく、修行を実践したり、学問の研鑽を行うがゆえに、寺社に僧侶がいなければ意味をなさない。その意味で、僧侶はプロフェッショナルである。それに対して、神主はあくまでもアマチュアである。僧侶はつねに僧侶だが、神主は祭祀の時だけ神主になるのである。(67)

最後に、日本神話の神に関していえば、まず、絶対の創造神でないことは間違いない。そして、日本の神話全体を考える時、重要な事は、最初に天地を創造した主体が不在だという点である。天地はいきなり出現している。日本の神話では神々の創造は天地が生まれた後に想定されている。日本の国土を創成する過程は記されているものの、天地がいかに創造されたか、それについては語られていない。日本の神道は「創造神のない宗教」だということである。

創造神のない神道の世界においては、神は絶対的な存在でもなければ唯一の存在でもない。八百万の神々と言われるように、無数の神が祀られている。人をその死後に神として祀る慣習さえ生まれ、神の数は現代でも増え続けている。その理由としては、神道を信仰する日本人は、国を失うといった苦難に直面することがなかった、ということがあるといえよう。(68)

## 二　世界各国における宗教衰退

ここまで世界の宗教を概括してきた。しかし、島田が言うように、現在、全体として世界は無宗教化しつつあるといえるのである。言い換えると、人類は宗教なき世界に向かっているのである。(69)たとえば、フランス、ドイツ、その他のヨーロッパ全体で教会離れが進んでいる。ヨーロッパでは、キリスト教の信者の数が世界全体でおよそ二〇億人であり、人類全体の三分の一を占めているのだが、そのヨーロッパにおいて近年、急速な教会離れが進行しているのである。そして、ヨーロッパでは世俗化が大幅に進んでいるのである。世俗化とは、社会から宗教の影響力が失われていくことを意味するのだが、この世俗化も底なしの気配を見せている。(70)

東アジアの場合は、今のところ、キリスト教が勢いを得てきているように見える。韓国では、キリスト教はシャーマニズムの文化と融合し、習合することによって、庶民層にまで広がっていった。そうしたシャーマニズムと習合したキリスト教は、病気治療などの現世利益の実現を約束して庶民の信仰を集めていった。だが、韓国におけるキリスト教は、驚異的な経済成長による都市部への人口集中によって巨大化したものであって、経済の低成長の時代に入れば、信者を増やしていくことができなくなるのである。

中国では、仏教、道教、イスラム教、カトリック、プロテスタントの「五大宗教」といわれるものが認められている。中国においては国家が認めた宗教しか活動が許されない。ただ、現在、中国で注目されている宗教は、儒教とキリスト教である。儒教は政府が復興を支援しているが、キリスト教の場合は難しい関係をはらんでいる。国家が規制を行っている中で、「地下教会」と呼ばれる、政府に公認されていないキリスト教の教会が、勢力を拡大している。それは指導者がカリスマ性を発揮し、病気直しなどを行う福音派である。中国では、この福音派がその勢力を拡大しているのである。(71)

アメリカ・中南米の場合はどうだろうか。まず、アメリカはキリスト教が圧倒的多数を占めている。だが、アメリカでも神を信じる人間の割合が減少の傾向を見せている。たとえば、プロテスタントは、一九四八年の時点で六九パーセントだったが、二〇一四年には三七パーセントに激減している。カトリックは一九四八年では、二〇一四年とほとんど変わらない二二パーセントだったが、近年になって減少している。アメリカでも近年になってキリスト教の力が衰え、全体として急激な世俗化が進んでいる。

中南米はカトリックの牙城である。しかし、カトリックの信仰を捨てて、プロテスタントの福音派に転じる人間がかなり増えていて、牙城も危機の様相を呈している。たとえば、ブラジルにおけるカトリックの状況はかなり苦しい。ブラジルでは一九八〇年にカトリックの信者の割合が九〇パーセントを超えていたが、プロテスタントの福音派に改宗する人間が多く、現在は六〇パーセントに低下しているという。メキシコでは、二〇〇四年現在、一〇パーセントの信徒が教会を離れたとされている。グアテマラでも、人口の三分の一がカトリックの教会を離れ、ほとんどが福音派のプロテスタントになったとされている[72]。

ヨーロッパにおいては、イスラム諸国からの移民が増えて、イスラム教が勢力を拡大している。ヨーロッパのイスラム教徒ではない人間には、重大な脅威として受け取られている。しかし、これからを考えると、現在の事態が同じように続いていく、ということはいえない。イスラム勢力の拡大は、どこかでその伸びの方向性が変わり、運動として退潮するとともに、世俗化の様相を呈していくことが考えられるからである。イスラム教の宗教復興や宗教回帰の動きがあるとしても、それは一時的な現象に終わるかもしれない。その動きがある程度のところまで行き着けば、それは反転し、世俗化の方向に向かう可能性は高いのである[73]。

以上のように、宗教の現況について、島田は三つのポイントを指摘する。一つは、ヨーロッパや日本などの先進国で起こっている宗教の急速な衰退である。先進国の社会は世俗化、無宗教化に向かっているのである。二つ目は、経済発展が続いている国では、プロテスタントの福音派を中心に新しい宗教が勢力を拡大していることである。ただ、経済成長に歯止めがかかると福音派などの新宗教の伸びが止まる可能性が高いのである。三つ目は、イスラム教の拡大ということである。確かに、イスラム教はこれからも拡大し、キリスト教を抜いて世界で第一位の宗教になるであろうが、今後、低成長の時代に入っていく兆しが見えており、先進国と同じ道をたどってゆくだろう。イスラム教は現代化が進んでゆくはずである。結局、世界全体において、宗教はその力を失い、無宗教化してゆく傾向が著しくなっている、ということである。(74)

以上、世界全体の宗教衰退の流れを押さえてきた。次に、日本の新宗教の動きを見てゆきたいと思う。続けて、宗教とは異なるスピリチュアリティの問題を捉えてみたい。

## 三　日本の新宗教について

日本の新宗教に関して、ごく手短に述べていきたい。島田によると、生長の家、ＰＬ教団、天理教、立正佼成会、霊友会、(旧)統一教会、幸福の科学、創価学会等、衰退の勢いが激しいという。各教団の信者数が掲載されている『宗教年鑑』によると、生長の家は平成一年度版では八二万一九九八人だったのだが、平成二六年度版では五五万三一〇人となっており、二七万人以上減少している。同じく、ＰＬ教団は一八一万二八四人だったが、平成二六年版では九二万二三六七人と減少しており、ＰＬ教団の信者数は半減した。また、天理教は平成二二年版では一一八万五一二三人から平成二六年版では一一六万九二七五人に、立正佼成会は三四九万四二〇五人が三〇八万九三七四人に、霊友会は一五一万六四一六人が一三六万九〇五〇人にと、減少している。(旧)統一教会、幸福の科学も教団の側が公表していないので、はっきりしていないが、関係者は五万人程度と推測している。創価学会も会員数は世帯で発表されているが、その数は八二七万世帯と発表されている。しかし、創価学会の会員の実数は三〇〇万人前後と考えてよいと思われる。これらもバブル崩壊後、信者数は低落している。

これらの新宗教は、経済の動きが残酷なものとなっている。都会に移ってきた人間は、地方から切り離されて、都会では孤独な生活を送らざるを得ない。それゆえ、新宗教教団は新者数を伸ばして発展してゆく。しかし、高度経済成長が終わると、新しい入信者がいなくなり、組織としての新陳代謝は進まず、運動は停滞し、信者の高齢化という事態に直面する。教団は高齢化を手をこまねいて見守っていくしかない。さらに、新宗教の場合、信仰を獲得した第一世代から、その子供である第二世代に継承が進まないのである。第一世代には、その宗教に入信するに至る強い動機があるが、第二世代にはそれがない。これは既成宗教と新宗教とを分ける壁であると島田は断じる。

資本主義社会は、新宗教に拡大の余地を与えたのであるが、経済の低成長の時代に入ることで、その余地を奪ってしまうのである。(75)

## 四　スピリチュアリティの現況

宗教社会学者の島薗進によると、「現代宗教の動向を捉えるとき、『スピリチュアリティ』に目を配ることが欠かせない」という。というのも、「『宗教には関心がないが、スピリチュアリティには関心がある』というような人が増えて来ているのだ」というのである。(76) つまり、人々の間で脱宗教化が起こっているというのである。

また、同じく島薗によれば、「スピリチュアリティ（霊性）とは、個々人が聖なるものを経験したり、聖なるものとの関わりを生きたりすること、また人間のそのような働きを指す」として「従来は特定宗教の枠内で一定の規範にのっとって経験され、生きられるものであったスピリチュアリティが、特定宗教の枠を超え、個々人が自由に探求し、身につけることができるようなものと考えられるようになってきた」と述べている。そして、この「新しいスピリチュアリティは、一九六〇年代のアメリカで、また七〇年代の先進諸国で、とりあえず既存の宗教伝統や教団組織と対立するような、まとまりをもった現象として出現した」という[77]。スピリチュアリティは個人的な宗教（あるいは宗教の個人主義化）といったもののようである。

ではスピリチュアリティとは何と定義されているのか。宗教社会学者の伊藤雅之によれば、スピリチュアリティとは「おもに個々人の体験に焦点を置き、当事者が何らかの手の届かない不可知、不可視の存在（たとえば、大自然、宇宙、内なる神／自己意識、特別な人間など）と神秘的なつながりを得て、非日常的な体験をしたり、自己が高められるという感覚をもったりすること」である。そして、現代のスピリチュアリティ文化では、「『ありのままの自分』や『本当の自分』など自己の内面、および大自然や宇宙との結びつきをとりわけ強調する傾向が」あり、「組織よりもネットワーク型のつながりや個々人の選択性を重視し、その探求の場が宗教領域のみならず、さまざまな社会的文脈へと拡大してきていること」が特徴であるという[78]。

スピリチュアリティ文化の歴史は、「対抗文化から下位文化を経て主流文化へとそのポジションを移行させてきた」と伊藤はいう。一九六〇年代から七〇年代半ば頃までのスピリチュアリティ文化は、対抗文化であった。現状の社会体制や価値・規範に異議申し立てをする社会・文化運動として特徴づけられる。多くの東洋的思想やヨーガや瞑想といったアジア系の身体技法の関心が高まったりしていった。

一九七〇年代から九〇年代半ばまでは、スピリチュアリティ文化は下位文化として位置づけられる。政治の季節が終わった七〇年代後半以降になると、社会変革志向は次第に弱まったのである。スピリチュアリティ文化の共鳴者たちはプライベート空間における「自分探し」の模索を行うようになる。また、この頃から「宗教」とは異なるものを総称する用語として「ニューエイジ（新しい年代・世代）」という語が用いられるようになった。日本では「精神世界」と呼ばれており、大型書店の「ニューエイジ」のコーナーには、ヒーリング、代替医療、ヨーガ、呼吸法、瞑想、気功、風水、チャネリング、臨死体験など多様な分野の本が並んでいた。

一九九〇年代から現代に至るスピリチュアリティ文化は、主流文化と位置づけられる。この時期のスピリチュアリティ文化は、全体社会が敵対すべき対象でも、社会変革が不可能な巨大システムでもなく、自己のスピリチュアリティを探求し、実現が可能な場として認識されるようになる。また、スピリチュアリティ文化は、社会の諸制度に浸透し、科学と高い親和性を示すようになる。現代のスピリチュアリティ文化は、ニューエイジのみならず、教育、心理、医療・看護、社会福祉、健康などの分野にも拡散してきているのである。言い換えると、現代のスピリチュアリティ文化は、社会の宗教領域からあふれ、医療・看護、教育、心理、ビジネスなどの領域で実践されているのである。(79)

さて、宗教学者の岡本亮輔によれば、現在では、スピリチュアリティ文化は拡大しており、「予言、占星術、魔女、自己啓発、願いは必ず実現するというポジティブ・シンキング、性格診断などのポップ心理学、パワースポット、坐禅やマインドフルネスなどの瞑想、菜食主義や食事療法、代替医療、気功、超能力、東洋思想、宇宙人やＵＦＯ」などが含まれる。(80)

伊藤と同じように、岡本も精神世界という言葉の使用が一九七〇年末からであり、（伊藤は一九九〇年代後半以降としているが）二〇〇〇年代以降、精神世界に代わってスピリチュアリティという言葉が広がっている。そして、精神世界もスピリチュアリティも「伝統宗教が提供する救済パックではなく、個々人の意思や嗜好に基づく選択が好まれる」。さらに、スピリチュアリティの「実践者たちは『自分たちがやっているのは宗教ではない』と語る」という。こうして精神世界とスピリチュアル文化は「個人主義的な宗教文化という点で通底する」と論じている。

しかしながら、岡本は「伝統宗教、精神世界、スピリチュアル文化という順に関与の度合いは低くなる」とも述べている。つまり、伝統宗教よりも精神世界の方が関与の度合いが低く、その精神世界よりもさらに関与の度合いが低いのがスピリチュアル文化だというわけである。スピリチュアル文化は宗教の程度がますます低下していると考えることができる。(81)

島薗は「世俗化（宗教の影響力が後退してゆく）」と「再聖化（宗教の影響力が回復するとみえる動向）」があ

るとする。その上で、スピリチュアリティが社会の個人化を進めるが、その個人が世俗化に安んずることができずにスピリチュアリティに向かってゆく。だが、スピリチュアリティは公的な次元での宗教復興を担うような力と方向性を持っているかといえば、それは不十分であるという。[82]

スピリチュアリティが関与の度合いが低い宗教であるとすれば、スピリチュアリティは宗教の低次元化を意味しているのであって、世俗化の流れの一部として捉えることが正しいのではないのか。つまり、スピリチュアリティの出現は宗教の世俗化の流れの中において宗教と非宗教の境界線が曖昧化しているものと考えるべきなのである。

スピリチュアリティないしスピリチュアル文化は、岡本が「個人主義的な宗教文化」あるいは「徹底的に私化された宗教」という言葉で表現しているように、ある面では宗教である。だが他方で、前述したように、スピリチュアリティの実践者は「自分たちがやっているのは宗教ではない」と述べたり、あるいは自分たちは「スピリチュアルであるが、宗教的でない（Spiritual but not Religious）」と規定したりしている。[83]

このように、スピリチュアリティは宗教であると同時に宗教ではないものである、といえよう。では、スピリチュアリティの未来はどうなっていくのか。世俗化もしくは個人化の流れの中で、伝統宗教→精神世界→スピリチュアリティへと変遷を遂げてきたわけだが、今後は宗教的なものがさらに溶け出してゆくことが想定される。つまり、将来的にスピリチュアリティが次第に溶解していき、非宗教的な文化項目に変容してゆくと考えられるのである。

# 五　結　語

以上、現代世界の宗教、日本の新宗教、先進国（とくに日本）のスピリチュアリティについての議論をまとめてきた。いずれも「宗教消滅」の動きを示しているということを示してきた。島田は新宗教を含めて宗教全般について以下のように述べている。「宗教は、新宗教を含め、すでに時代遅れのものになっている感がある。宗教は用済みになったのかもしれない。日本の宗教は、今や間違いなく消滅の危機にさらされているのである」[84]。

さらに「複雑で体系的な宗教は人類の草創期には存在せず、その歴史はどんなに長く見積もっても二五〇〇年程度である。日本で考えても仏教が取り入れられてから一五〇〇年しか経っていない。素朴な宗教の時代から複雑な宗教の時代に変わり、また、宗教が意味をなさない時代に入って行く」。そして「人類は宗教を捨てようとしている。そのようにも考えられる」とも述べている[85]。確かに、世界の宗教は衰退の危機に瀕しており、宗教が存在しない時代が到来しつつあるのかもしれない。

フランスの歴史人口学・家族人類学のE・トッドが、「人類の生活様式を全面的に激変させる」変容の一つとして「宗教の最終的消失」を挙げている。そして、「ある宗教の死の到来後の部分的延命という現象を捉えるために、私は『ゾンビ・カトリシズム』という概念を定義したのだった。しかし、カトリシズム以外の宗教も、一見議論の余地のない死を迎えたのちになお生き延びる」と記している[86]。

つまり、トッドは「宗教は死につつあるが死に果てていない」と考えている。「ある宗教が消滅した後も、その宗教に由来する社会的信念が『ゾンビ』のように影響を与え続けること」を意味するのである。[87] まだまだ宗教は今後もゾンビ状態で生き残るともいえる。

しかしながら、生物学者であり無神論者のR・ドーキンスの言うとおり、『神は妄想である』ということ、つまり「あらゆる神に見切りをつける」ということが大切であろう。時代精神の進化の波は「なめらかな上昇をたどるわけではなく、鋸の歯のように蛇行しながら進むのである。……しかし、長い時間の尺度で見れば、進歩的な趨勢はまぎれもないものであり、それは今後もつづくことだろう」。奴隷と女性の解放という時代精神の進化が、大まかに一致した方向を目指してゆくことは、観察された事実として実際にそういう動きがあり、それが宗教によって推進されていないということを示すのである。つまり、「進化は明白な事実である」ということを知るべきなのである。[88]

注

（1）中村圭志『教養としての宗教入門』中央公論新社、二〇一四年、一五―一六頁、二三―二五頁。なお、ここに挙げた八つの宗教以外に、ジャイナ教、シク教、ゾロアスター教などのさまざまな宗教が存在している。J・ボウカー（黒輪篤嗣訳）『世界の宗教大図鑑』河出書房新社、二〇二一年。

（2）中村圭志『教養としての宗教入門』二九頁。中村圭志『聖書、コーラン、仏典』中央公論新社、二〇一七年、三〇―三一頁。

（3）中村圭志『教養としての宗教入門』一四〇頁。中村圭志『聖書、コーラン、仏典』三二頁。

（4）中村圭志『教養としての宗教入門』一四三―一四四頁。中村圭志『聖書、コーラン、仏典』三三―三四頁。

（5）中村圭志『聖書、コーラン、仏典』五四頁。https://globe.asahi.com/article/14347550（The Asahi Shimbun GLOBE＋　ハイテクの国イスラエルで、戒律と伝統に生きる「超　正統派」とはどんな人たちなのか）

（6）中村圭志『聖書、コーラン、仏典』五五―五六頁。

（7）島田裕巳『宗教の地政学』エムディエヌコーポレーション、五〇―五二頁、五七頁、七〇頁。

（8）中村圭志『教養としての宗教入門』一四七頁。中村圭志『聖書、コーラン、仏典』七一頁。

（9）中村圭志『教養としての宗教入門』一四八頁。

（10）中村圭志『聖書、コーラン、仏典』三〇―三一頁。

（11）島田裕巳『宗教の地政学』七七―七八頁。

（12）島田裕巳『宗教の地政学』八〇―八四頁。

（13）島田裕巳『宗教の地政学』七二頁、八九頁。中村圭志『教養としての宗教入門』一五八―一五九頁。なお、信徒を導く専門家の呼び名はカトリック教会や東方正教会は神父（司祭）、プロテスタントの多くは牧師と呼ばれる。

（14）島田裕巳『宗教の地政学』一〇六―一一四頁。なお、キリスト教の教理として、天の父なる神と、地上に現れた子なる神（イエス・キリスト）と、個人の心の導きとなる精霊なる神の三つの神を一体のものとして捉える、「三位一体説」が唱えられている。島田裕巳『宗教の地政学』一〇四―一〇五頁。中村圭志『教養としての宗教入門』一五八頁、J・ボウカー（黒輪篤嗣訳）『世界の宗教大図鑑』河出書房新社、二四六頁を参照。

（15）中村圭志『聖書、コーラン、仏典』一三六頁。中村圭志『教養としての宗教入門』一八〇―一八三頁。

（16）中田考&天川まなる『ハサン中田考のマンガでわかるイスラーム入門』サイゾー、二〇二〇年、三八頁、五五頁。

（17）中田考&天川まなる『ハサン中田考のマンガでわかるイスラーム入門』五三頁。中田考『イスラーム入門』集英社、二〇一七年、八九頁。島田裕巳『なぞのイスラム教』宝島社、二〇一六年、三〇頁。

（18）島田裕巳『なぞのイスラム教』三〇頁。

(19) 中田考&天川まなる『ハサン中田考のマンガでわかるイスラーム入門』四一頁。中田考『イスラーム入門』九三頁。島田裕巳『なぞのイスラム教』』三一頁。
(20) 中田考&天川まなる『ハサン中田考のマンガでわかるイスラーム入門』五三頁。島田裕巳『なぞのイスラム教』三一頁。
(21) 中田考&天川まなる『ハサン中田考のマンガでわかるイスラーム入門』五三頁。島田裕巳『なぞのイスラム教』三一—三二頁。
(22) 中田考&天川まなる『ハサン中田考のマンガでわかるイスラーム入門』五四—五五頁。島田裕巳『なぞのイスラム教』二五—二七頁。
(23) 中田考&天川まなる『ハサン中田考のマンガでわかるイスラーム入門』五四頁。島田裕巳『なぞのイスラム教』三四—三六頁。中田考『イスラーム入門』一〇二頁。
(24) 中田考&天川まなる『ハサン中田考のマンガでわかるイスラーム入門』五四頁。島田裕巳『なぞのイスラム教』三六頁。内藤正典『イスラム——癒しの知恵』集英社、二〇一一年、六〇—六一頁。中田考『イスラーム入門』一〇九頁。
(25) 中田考&天川まなる『ハサン中田考のマンガでわかるイスラーム入門』五四頁。島田裕巳『なぞのイスラム教』三七頁。内藤正典『イスラム——癒しの知恵』六一頁。ただし、妊婦や病人や旅行者は断食を免除される。すなわち、老人や慢性病者は断食を免じられる代わりに一日につき一人の貧者に食べ物を施せばよく、旅行者、病人、妊婦などはラマダーン月の断食を解き、解いた日数分の断食を後で行えばよいのである。中田考『イスラーム入門』一〇四頁を参照。
(26) 中田考&天川まなる『ハサン中田考のマンガでわかるイスラーム入門』五四頁。島田裕巳『なぞのイスラム教』三八頁。
(27) 島田裕巳『なぞのイスラム教』三九—四二頁、五八頁。イスラム法では、クルアーンとハディース以外に、イジュマー（合意）とキヤース（類推）という法源が存在する。イジュマーは法学者が議論をしてその上で合意した事柄をいう。キャースはそれまでの法源に基づいて、新しい事柄に対して、どのような対処の仕方をすればよいかを考えるものである。

(28) 山下博司『ヒンドゥー教――インドという〈謎〉』講談社、二〇〇四年、一二四頁。

(29) M・B・ワング（山口泰司訳）『ヒンドゥー教』青土社、二〇〇四年、一二頁。

(30) 瓜生中『よくわかるヒンドゥー教』KADOKAWA、二〇二一年、二八頁。

(31) 瓜生中『よくわかるヒンドゥー教』二三一―二四頁。「ヴェーダ」という言葉はもともと知識を意味している。また、「ヴェーダ教」は「バラモン教」と呼ばれるものとほぼ等しい。山下博司『ヒンドゥー教――インドという〈謎〉』一三〇頁を参照。

(32) 瓜生中『よくわかるヒンドゥー教』二九―三一頁。

(33) 瓜生中『よくわかるヒンドゥー教』三二―三七頁。「梵我一如」とは、ブラフマン（梵）と呼ばれる根本原理と、アートマン（我）と呼ばれる個人の本体とが究極的に同一であるという考え方で、この真理を悟れば、輪廻の連鎖を断ち切って解脱することができるという。山下博司『ヒンドゥー教――インドという〈謎〉』一四一―一四二頁を参照。

また、ヒンドゥー教徒一般に通底する死生観は、人間の生と死を業（カルマ）と輪廻（サンサーラ）の連鎖において捉え、果てしなくくりかえされる輪廻転生の絆から脱却して、最終的に永遠の魂の安住の地に至ろうとする、解脱を熱く願い求めることである。森本達雄『ヒンドゥー教――インドの聖と俗』中央公論新社、二〇〇三年、一二四頁。

さらに、不二一元論とは、ブラフマンあるいはアートマンと呼ばれる精神的実在以外に実在するものはない、というものである。つまり、われわれの周囲に展開している現象世界は実在しないのであって、この教えは精神の一元論なのである。山下博司『ヒンドゥー教――インドという〈謎〉』一七六頁を参照。

(34) 瓜生中『よくわかるヒンドゥー教』一九二―一九三頁、一九八―一九九頁、二〇四頁。インド文化圏には国民的な人気を持つ二大叙事詩として、『マハーバーラタ』と『ラーマーヤナ』がある。『マハーバーラタ』は全一八巻からなり、世界三大叙事詩の一つである。この長大な叙事詩の中には歴史、宗教、哲学、地理、祭祀、生活習慣などあらゆる事象が記されている。『ラーマーヤナ』は『マハーバーラタ』の約四分の一から成る叙事詩である。『ラーマーヤナ』という書名は、意訳すれば「ラーマの行状、ラーマの生涯」といった意味になり、文字通りラーマ王子の一代記を綴ったものである。瓜生中『よくわかるヒンドゥー教』五五頁、八四頁、山下博司『ヒンドゥー教――インドという〈謎〉』九八頁、一〇二頁を参照。

(35) クシティ・モーハン・セーン（中川正生訳）『ヒンドゥー教――インド三〇〇〇年の生き方・考え方』講談社、一九九九年、二四頁。瓜生中『よくわかるヒンドゥー教』一二八頁。なお、この四住期はバラモン、クシャトリヤ、ヴァイシュヤの上層三階級の男性に定められたものであって、奴隷階級のシュードラと女性には適用されないのである。

(36) クシティ・モーハン・セーン（中川正生訳）『ヒンドゥー教――インド三〇〇〇年の生き方・考え方』三五頁。瓜生中『よくわかるヒンドゥー教』一三〇―一三二頁、一六〇―一六一頁。

(37) ひろさちや『やまと教』新潮社、二〇〇八年、五二―五三頁。

(38) 中村圭志『教養としての宗教入門』二二三頁。

(39) 松本浩一『中国人の宗教・道教とは何か』ＰＨＰ研究所、二〇〇六年、一五四頁。神塚淑子『道教思想10講』岩波書店、二〇二〇年、二八頁。

(40) 神塚淑子『道教思想10講』三二―三四頁。

(41) 神塚淑子『道教思想10講』三五―三七頁、六八頁。

(42) 松本浩一『中国人の宗教・道教とは何か』一七頁。

(43) 松本浩一『中国人の宗教・道教とは何か』一八頁、三〇頁。Ｊ・ボウカー（黒輪篤嗣訳）『世界の宗教大図鑑』一七〇頁。現在、道士は全真教と正一教の二つに分かれている。全真教は出家主義を取っており、原則として結婚せずに道観の施設にあって、修行に励む。正一教では道士は家庭を営み、人々に呪術儀礼を施すことで生活を立てている。

(44) 窪徳忠『道教の神々』講談社、一九九六年、七四―七五頁。
(45) 窪徳忠『道教の神々』七九頁、八三頁、八五―八六頁。
(46) 加地伸行『孔子』KADOKAWA、二〇一六年、五三頁。歴史の謎を探る会（編）『日本の三大宗教』河出書房新社、二〇〇五年、三八頁。
(47) 加地伸行『儒教とは何か』中央公論新社、一九九〇年、五一頁、五四頁。加地伸行『孔子』四六頁。
(48) 加地伸行『儒教とは何か』一七―一八頁。加地伸行『大人のための儒教塾』中央公論新社、二〇一八年、一二五―一二八頁。加地伸行『沈黙の宗教――儒教』筑摩書房、二〇一一年、四三―四六頁。
(49) 加地伸行『儒教とは何か』一九―二一頁。加地伸行『沈黙の宗教――儒教』二四〇頁。
(50) 加地伸行『儒教とは何か』七七―七九頁。
(51) 加地伸行『儒教とは何か』一九二―一九六頁。
(52) 加地伸行『儒教とは何か』二二一頁。ちなみに、経学とは「聖人の関わり深い古典について解釈を加える学問」ということである。加地伸行『儒教とは何か』一二九頁を参照。
(53) 加地伸行『儒教とは何か』二二頁、二二三頁、二四四頁。
(54) 島田裕巳『教養として学んでおきたい仏教』マイナビ出版、二〇一九年、七二頁。
(55) 島田裕巳『教養として学んでおきたい仏教』三一―三五頁。
(56) 島田裕巳『教養として学んでおきたい仏教』四一頁、六八―六九頁、七二頁、八一頁。
(57) 島田裕巳『教養として学んでおきたい仏教』八四―八七頁。
(58) 中村圭志『教養としての仏教入門』幻冬舎、六〇―一六一頁。
(59) 島田裕巳『教養として学んでおきたい仏教』八七―九五頁。上座部仏教において、仏陀とは釈迦のみを表すのに対し、大乗仏教は広い世界のあちこちに無数の仏陀がいるという立場を取っている。大乗仏教の仏陀はみな超能力をもつ神様のような存在である。中村圭志『教養としての仏教入門』一六六頁を参照。
(60) 島田裕巳『教養として学んでおきたい仏教』一一〇―一一七頁。

(61) 島田裕巳『教養として学んでおきたい仏教』一一七―一一八頁。他にも、中国からの影響と言えば、「私度僧」というものがある。日本の仏教の僧侶は、当初、出家し、得度するには国家の許可を必要とし、宗派ごとに、その数が定められていた。そうした許可を得ないで出家した者を「私度僧」と呼び、正式な僧侶とは見なされなかった。これは、中国から伝えられた考え方であり、出家という行為を世俗からの完全な離脱とするインドにはないものだった。島田裕巳『教養としての世界宗教史』宝島社、二〇二三年、四二七頁を参照。
(62) 島田裕巳『教養として学んでおきたい仏教』一二三―一二四頁。
(63) 中村圭志『教養としての仏教入門』一七七―一八五頁。
(64) 島田裕巳『神道はなぜ教えがないのか』ベストセラーズ、二〇一三年、一六―二〇頁。
(65) 島田裕巳『神道はなぜ教えがないのか』二八―三三頁。島田は、十三世紀の「出雲神社牓示図」には、社殿はまったくなかったが、十四世紀前期の時点では「徒然草」には出雲神社は社殿をもっていたことになる、という。実際に、社殿が建てられたのは、十四世紀、室町前期のことと考えられる。それまでの出雲神社には、社殿がなく、磐座こそがその祭祀を行う場であった、という。島田裕巳『「日本人の神」入門』講談社、二〇一六年、一五一―二一一頁を参照。
(66) 島田裕巳『神道はなぜ教えがないのか』六八―七二頁。島田は、どの神社にも社殿が建つようになったのは、鎌倉時代以降のことではないだろうか、という。それに初期の社殿は宇和上神社の本殿がそうであるように、規模の小さな小祠だった可能性が高い。神社に社殿が設けられるようになるのは、平安時代の終わりから鎌倉時代にかけてのことだろう、と島田は推測している。島田裕巳『神道崩壊』新潮社、二〇一八年、一九四―一九五頁、一九九頁。
(67) 島田裕巳『神道はなぜ教えがないのか』一一〇―一一四頁。
(68) 島田裕巳『神道はなぜ教えがないのか』五九―六三頁。
(69) 島田裕巳『宗教消滅』ＳＢクリエイティブ、二〇一六年、二三七頁。
(70) 島田裕巳『宗教消滅』六二―六七頁。

(71) 島田裕巳『宗教消滅』七八―九七頁。
(72) 島田裕巳『宗教消滅』一〇一―一〇八頁。
(73) 島田裕巳『宗教消滅』一一二―一一九頁。
(74) 島田裕巳『宗教消滅』二三二―二三七頁。
(75) 島田裕巳『宗教消滅』一六六―一九八頁。
(76) 島薗進『現代宗教とスピリチュアリティ』弘文堂、二〇一二年、七頁。
(77) 島薗進『スピリチュアリティの興隆』岩波書店、二〇〇七年、v頁。
(78) 伊藤雅之『現代スピリチュアリティ文化論』明石書店、二〇二一年、二九―三〇頁。あるいは、小池靖がいうように、「超自然的な力や存在に自己がつながっている感覚」ということもできる。小池靖「商品としての自己啓発セミナー」河合隼雄・上野千鶴子（編）『現代日本文化論8　欲望と消費』岩波書店、一九九七年、一四四頁。
他にも堀江宗正のスピリチュアリティの定義がある。それによると、スピリチュアリティとは、⑴通常は知覚しえないが内面的に感じられるもの（a　生きる意味や目的　b　他者・死者・自然とのつながり　c　より高い神的な力や霊）への信念と、⑵それを体験して変化をもたらそうとする実践の総体であり、⑶宗教文化的資源の選択的摂取、⑷個人主義や反権威主義といった態度が、伴うものである、としている。堀江宗正『ポップ・スピリチュアリティ――メディア化された宗教性』岩波書店、二〇一九年、一六頁を参照。
(79) 伊藤雅之『現代スピリチュアリティ文化論』三一―四九頁。
(80) 岡本亮輔『宗教と日本人――葬式仏教からスピリチュアル文化まで』中央公論新社、二〇二一年、一一〇頁。
(81) 岡本亮輔「考えるな、感じろ――精神世界とスピリチュアル文化を分かつもの」『現代思想10月号　スピリチュアリティの現在』第51巻第12号、青土社、二〇二三年、五五頁、六二頁。岡本亮輔『宗教と日本人――葬式仏教からスピリチュアル文化まで』一二九頁。
(82) 島薗進『現代宗教とスピリチュアリティ』一四一―一四二頁。
(83) 岡本亮輔『宗教と日本人――葬式仏教からスピリチュアル文化まで』一一一頁。伊藤雅之『現代スピリチュアリティ文化論』五頁、四八頁。
(84)島田裕巳『捨てられる宗教』八〇頁。
(85)島田裕巳『捨てられる宗教』二四三―二四四頁。
(86)E・トッド(堀茂樹訳)『我々はどこから来て、今どこにいるのか(上)』文藝春秋、二〇二二年、三四―三五頁、四三頁。
(87)E・トッド、片山杜秀、佐藤優『トッド人類史入門――西洋の没落』文藝春秋、二〇二三年、四頁、九六―九七頁。
(88)R・ドーキンス(垂水雄二訳)『神は妄想である』早川書房、二〇〇七年、三九五―三九六頁。R・ドーキンス(大田直子訳)『神のいない世界の歩き方』早川書房、二〇二一年、三一頁、三三五頁。

# あとがき

本書で示した各章の初出一覧は以下のとおりである。

第一章「葬送の変容」松山大学論集　二八巻五号　二〇一六年一二月一日
第二章「神道の行方」松山大学論集　三一巻一号　二〇一九年四月一日
第三章「イスラム教と現在」松山大学論集　三二巻六号　二〇二一年二月一日
第四章「儒教を考える」松山大学論集　三一巻一号　二〇二二年四月一日
第五章「融解する宗教」松山大学論集　三六巻二号　二〇二四年六月一日

本書を脱稿後、興味深い著作に出会った。その書名は『日本仏教に未来はあるか』というものである。その書物では、二一世紀に入って日本仏教を問題視する書籍類が現れ始めたというのである。その背景となっているのは、葬式の費用や戒名料などが高額であり、また戒名料の歴史的正統性が不透明であるため、戒名料の対価が見合っていないという現状であるという。在家者は納得していないのであり、気付いていないのは、残念ながら一部の（あるいは「大半の」というべきか）僧侶だけである、とされる。(1)

日本では仏教は政治の支配下にあった。とくに重要なのが寺請制度である。それは、日本人全員が近在の寺と檀家としての関係を結び、寺が身分保障（キリスト教徒でないことの保証）をするようになったことである。幕府は全国の寺院の住職を利用してキリシタン弾圧を徹底すると同時に、日本人全員の戸籍調査を寺社の手に委ね、檀家制度を形成していった。寺は檀家を拘束し、布施（この中に戒名・法名も含まれる）を強要できる体制が整った。寺は檀家の生殺与奪の権力を握ることになった。(2)

もう一つは世襲制度である。「世襲」は「妻帯」とセットになっている。官僧としての僧侶は僧尼令によって行動を制限されたが、私度僧は肉食妻帯であった。僧侶の妻帯は古くから存在していた。日本の仏教は大乗仏教であるが、大乗仏教は出家在家といったライフスタイルを伝統仏教ほど問題視しない。問われるのは菩提心（悟りを目指す心）の有無だけである。また、日本仏教には出家者特有の律を遵守するという意識は希薄であり、出家者と在家者の境界が曖昧だったことも、日本仏教の世襲制度に関係している。ともあれ、そうした日本仏教に明治政府は太政官布告「自今僧侶肉食妻帯畜髪等可為勝手事」を発布したことによって、僧侶の妻帯は公許されることになった。これによって、僧侶は「身分」ではなく「職分」となった。

僧侶が妻帯者となり、そして「身分」から「職分」に変わることによって、ほかの職業と同じく世襲制を取るようになる。僧侶は政治家や医師以上に「志」が必要とされるが、現在の世襲制は「志」のない僧侶を再生産する装置となっている。世襲には大量の後継者を継続的に輩出できるという量的なメリットはあるが、出家者の質を担保するという意味では、欠陥の多い制度である。(3)

平岡の日本仏教批判の話はさらに、日本仏教における戒律が不在であること、現在の日本仏教が平安時代から鎌倉時代にかけて活躍した宗教家が立ち上げ、その後、彼らを宗祖として成り立っている宗派仏教が中心であるが、それが原理主義的な傾向を帯びていること、最新の研究では葬式も戒名も歴史的正統性のあるものとは認められないこと、などが述べられている(4)。

その上で、平岡は檀家制度と世襲制度が日本仏教の病巣であるとしている。とくに妻帯による世襲制度は「志」のない僧侶を再生産する装置となっている。戒律の制定と僧侶の妻帯を禁止し、僧侶の数は減っても少数精鋭の出家者集団を形成しないと、日本仏教の未来はない、という。

寺請制度については、出家者は宗派で養成されるが、檀家制度が崩壊しつつある中で、在家者は檀信徒という従来の縦割りでは存続しない。それゆえ、出家者が自分の宗派の檀信徒にだけ向かって法を説く時代は終わる。どのような在家者にもわかるように、自宗の教義の普遍性を説くことが求められる時代がすぐに到来するだろう、と述べる(5)。

ところで、平井よりも約一五年以上前に、村井幸三も檀家制度を廃止することを提唱している。村井も檀家制度をやめて、会費制、加入退会自由の護持会システムに代えることを述べている。また、村井は「宗派を越えて」ということもいっている。宗派を越えて集まった浄財を、社会に還元していこうという、全日本仏教会の会長だった松永慶大の呼びかけは、画期的なことだという。

また、村井は戒名制度も問題視している。具体的に「仏教のお葬式から戒名を切り離してはいかが」ではないか、と述べている。戒名はいらないが、お寺によって元気づけられて旅立ちたいと希望する人は少なくないからだ。お葬式はお寺でよいが、戒名は要らないという希望は強いのであり、お葬式と戒名を切り離せばそうした願いは叶えられるのである、という。[6]

事実、このように以前から戒名や檀家制度を何とかすべきだという話はあったのであり、平岡が述べていることの多くは目新しいこととは思えない。しかし、『日本仏教に未来はあるか』の第八章「異端の出現」に述べられているとおり、法然・親鸞・道元・日蓮などが今日の日本仏教の礎を築いたように、現在においても教団から飛び出した出家者が新たな仏教を確立する可能性がある。日本の正統派の宗派を破る新たな異端が現れなければ、仏教は脱皮せず、腐敗の道を辿るしかない。「真正の異端」を許容する寛容性を持ってほしいのであり、それが真の意味で宗祖の意思を継承することになるのである。この「真正の異端」を許容する度量があれば、日本仏教が再生する可能性は少ないながら残されている、と平岡は論評する。[7]

しかし、こうした可能性を追求することはきわめて難しいといえる。なぜなら、現在、日本において仏教がゾンビ化しているからである。また、神仏習合が根強く残る日本では、神道もゾンビ化している。つまり、神も仏ももういないにもかかわらず、まだいるかのような状態になっているのである。

日本思想史の佐藤弘夫は、神・仏のみならず、死者や動物や植物なども魂（＝カミ）を持っていたという。つまり、「前近代の日本列島では、人々は目に見えない存在、自身とは異質な他者に対する生々しい実在感を共有していた。神・仏・死者だけではない。動物や植物までもが、言葉と意思の通う合う一つの世界を構成していた。超越的存在と人間の距離は時代と地域によって異なったが、人々はそ

れらの超越的存在＝カミのまなざしを感じ、その声に耳を傾けながら日々の生活を営んでいた」というのである。(8)

しかし、「近代に向けて世俗化の信仰とカミの世界の縮小は、そうしたカミと人との関係の継続を許さなかった。人の世界からは神仏だけでなく、死者も動物も植物も排除され、特権的存在としての人間同士が直に対峙する社会が出現した。人間中心主義としてのヒューマニズムを土台とする、近代社会の誕生である」。そして、「近代思想としてのヒューマニズムが、人権の拡大と定着にどれほど大きな役割を果たしたかについては贅言する必要もない。しかし、近代化は他方で、わたしたちが生きる世界から、人物間、集団間、国家間の隙間を埋めていた緩衝材が失われていくことを意味していた」という。(9)

近現代人とは異なり、中世や近世の人々は、人間だけでなく、神・仏・死者・先祖・動物・植物でこの世界が成り立っていると考えてられていた。しかし、佐藤は近代社会の特色として「この世界から人間以外の神・仏・死者などの超越的存在＝カミを、他者として放逐してしまった」社会とする。すなわち、「この変動は深刻な問題を引き起こすことになった。カミが公共空間を生み出す機能を停止したことに伴う人間間、集団間の緩衝材の喪失であり、死後世界との断絶」であった。(10)

ただ、人間関係の緩衝材として新たに小さなカミを生みだそうという動きもある、と佐藤は述べる。それはスピリチュアリティや精神世界の探求のブームや、ペットブームや、ゆるキャラの現象である。佐藤はそれらを「現代社会の息の詰まる人間関係のクッションであり、ストレスの重圧に折れそうになる心の癒しだ」と考えている。「この社会からカミを締め出した現代人は、みずからを取り巻く無機質な光景におののいて、その隙間を埋める新たなカミを求めた」。ゆるキャラの現象は、「精神の負荷に耐えかねている現代人の悲鳴なのである」という。スピリチュアリティやペットも同様である(11)。

神・仏・死者・動物・植物などが保持していた魂(＝カミ)が信じられなくなり、ゾンビ化している。つまり、神・仏・死者・動物・植物その他の超越的存在(＝カミ)がいないにもかかわらず、あたかもいるかのような状態になっているのである。そして、スピリチュアリティやペットやゆるキャラのようなささやかなカミ以外のものが信じられなくなっており、それらは単なる心の癒しのみになっている。

ただ、佐藤は「前近代に帰れ」といっているのではない。これまで「カミの名のもとに憎悪が煽られ、無数の人々が惨殺されるという愚行が繰り返されてきた」のであり、「カミは人にとってプラスの役割だけを果たしてきたわけではない」のである。「人間が千年単位で蓄積してきた知恵を、近代化によって失われたものをも含めて発掘してゆくこと」が我々に与えられている課題ではないかという(12)。

しかしながら、生きている人間以外のすべてがゾンビ化しつつあることは確かである。そのことを冷徹な目で見つめることの方が重要ではないかと考えるのである。E・トッドは「昔、定住化と農業が人類を変えたように、今日進行中の変容は人類の生活様式を全面的に激変させる」と述べている。その最も重要な要素の一つとして「宗教の最終的消失」を挙げている。もはや宗教は消滅しつつある、といえるのである(13)。

最後に本書の編集において西村喜夫さん、そして櫻井天真さんには、大変お世話になった。心より感謝申し上げたい。

二〇二四年一二月五日

今枝　法之

注

(1) 平岡聡『日本仏教に未来はあるか』春秋社、二〇二四年、iii～iv頁。
(2) 平岡聡『日本仏教に未来はあるか』九頁、二四―二六頁。
(3) 平岡聡『日本仏教に未来はあるか』二七―三〇頁。
(4) 平岡聡『日本仏教に未来はあるか』三九―六五頁、九六頁。
(5) 平岡聡『日本仏教に未来はあるか』一五四頁、二三〇頁。
(6) 村井幸三『お坊さんが隠すお寺の話』新潮社、二〇一〇年、一七〇―一七一頁、一七四頁、一七九頁。村井幸三『お坊さんが困る仏教の話』新潮社、二〇〇七年、一八五頁。
(7) 平岡聡『日本仏教に未来はあるか』二二二頁、二二五―二二六頁。
(8) 佐藤弘夫『日本人と神』講談社、二〇二一年、二三九―二四〇頁。
(9) 佐藤弘夫『日本人と神』二三四―二三五頁。
(10) 佐藤弘夫『日本人と神』二四八―二五〇頁。
(11) 佐藤弘夫『日本人と神』二五三―二五四頁。
(12) 佐藤弘夫『日本人と神』二五五―二五六頁。
(13) E・トッド『我々はどこから来て、今どこにいるのか？』文藝春秋、二〇二二年、三四―三五頁。

《著者紹介》
今枝法之（いまえだ　のりゆき）

愛知県出身
慶應義塾大学大学院社会学研究科博士課程単位取得退学
松山大学人文学部教授

専攻
現代社会論，社会理論
著書
『ギデンスと社会理論』日本経済評論社，1990年
『溶解する近代』世界思想社，2000年
『現代化する社会』晃洋書房，2014年
翻訳
A. ギデンズ『社会理論と現代社会学』（共訳）青木書店，1998年
A. ギデンズ『第三の道とその批判』（共訳）晃洋書房，2003年

終焉化する宗教

2025年1月30日　初版第1刷発行

＊定価はカバーに表示してあります

著　者　今枝法之©
発行者　萩原淳平
印刷者　田中雅博

発行所　株式会社　晃洋書房
〒615-0026　京都市右京区西院北矢掛町7番地
電話　075（312）0788番㈹
振替口座　01040-6-32280

装丁　尾崎閑也　　印刷・製本　創栄図書印刷㈱

ISBN978-4-7710-3913-1